Complicated Kris Northern

"This image illustrates some of the best qualities of fractals—infinity, reiteration, and self similarity."– **Kris Northern**

Cuaderno de actividades

Investigations
IN NUMBER, DATA, AND SPACE®
en español

Many of the designations used by manufacturers and sellers to distinguish their products are claimed as trademarks. Where those designations appear in this book, and Scott Foresman was aware of a trademark claim, the designations have been printed with initial capital letters and in cases of multiple usage have been marked with either ® or ™ where they first appear.

Oficinas editoriales: Glenview, Illinois • Parsippany, Nueva Jersey • Nueva York, Nueva York
Oficinas de ventas: Boston, Massachusetts • Duluth, Georgia
Glenview, Illinois • Coppell, Texas • Sacramento, California • Mesa, Arizona

The Investigations curriculum was developed by TERC, Cambridge, MA.

This material is based on work supported by the National Science Foundation ("NSF") under Grant No. ESI-0095450. Any opinions, findings, and conclusions or recommendations expressed in this material are those of the author(s) and do not necessarily reflect the views of the National Science Foundation.

ISBN: 0-328-29619-8

ISBN: 978-0-328-29619-4

6 7 8 9 10-V031-15 14 13 12 11 10 09
CC:N2

Complicated Kris Northern

"This image illustrates some of the best qualities of fractals—infinity, reiteration, and self similarity."– **Kris Northern**

Investigations
IN NUMBER, DATA, AND SPACE®
en español

Contar, monedas y combinaciones

Investigación 1

Investigación 2

Usar 10 cubos

Usa 10 cubos para hacer dos cosas.
Dibuja lo que hagas y usa números
para describirlo.

Éste es un ejemplo.

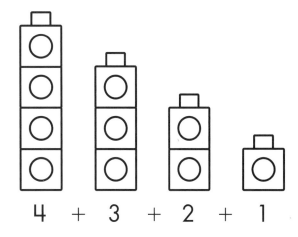

$$4 + 3 + 2 + 1$$

1. Dibuja lo que hiciste. Usa números para
describirlo.

2. Dibuja lo que hiciste. Usa números para
describirlo.

10 cubos

Usa números para describir cada
ordenación de 10 cubos.

NOTA Los estudiantes usan
combinaciones de números que
sean iguales a 10.

 46

1. 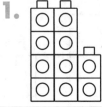 $3 + 3 + 2 + 2 = 10$

2.

3.

4.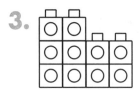

5.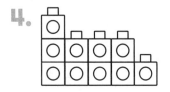

6.

Contar, monedas y combinaciones

Cubrir y contar: Figura A

Usa bloques de patrón para cubrir la figura A de diferentes maneras. Anota el número de bloques en la tabla.

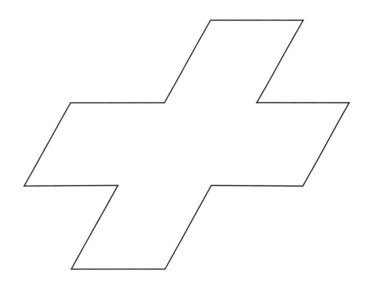

	Hexágonos amarillos	Trapecios rojos	Rombos azules	Cuadrados anaranjados	Rombos delgados, color canela	Triángulos verdes	Total de bloques
Manera 1							
Manera 2							
Manera 3							
Manera 4							
Manera 5							

Cubrir y contar: Figura B

Usa patrones de bloque para cubrir la figura B
de diferentes maneras. Anota el número de bloques
en la tabla.

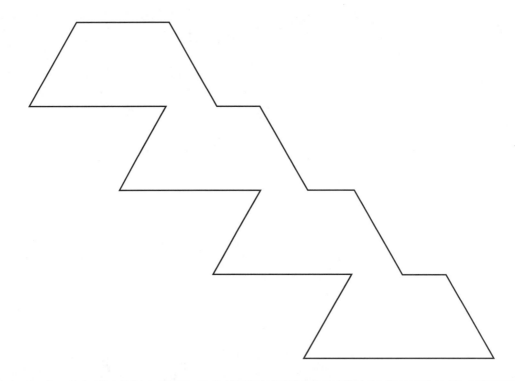

	Hexágonos amarillos	Trapecios rojos	Rombos azules	Cuadrados anaranjados	Rombos delgados, color canela	Triángulos verdes	Total de bloques
Manera 1							
Manera 2							
Manera 3							
Manera 4							
Manera 5							

Cubrir y contar: Figura C

Usa bloques de patrón para cubrir la figura C de diferentes maneras. Anota el número de bloques en la tabla.

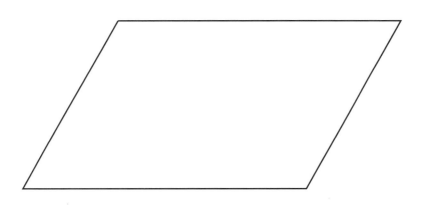

	Hexágonos amarillos	Trapecios rojos	Rombos azules	Cuadrados anaranjados	Rombos delgados, color canela	Triángulos verdes	Total de bloques
Manera 1							
Manera 2							
Manera 3							
Manera 4							
Manera 5							

Cubrir y contar: Figura D

Usa bloques de patrón para cubrir la figura D de diferentes maneras. Anota el número de bloques en la tabla.

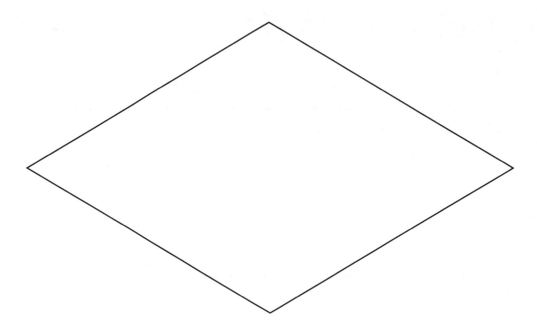

	Hexágonos amarillos	Trapecios rojos	Rombos azules	Cuadrados anaranjados	Rombos delgados, color canela	Triángulos verdes	Total de bloques
Manera 1							
Manera 2							
Manera 3							
Manera 4							
Manera 5							

Cubrir y contar: Figura E

Usa bloques de patrón para cubrir la figura E de diferentes maneras. Anota el número de bloques en la tabla.

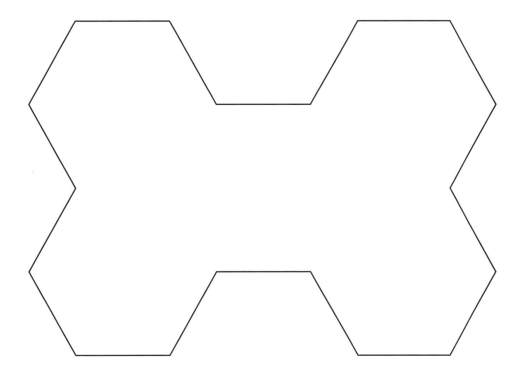

	Hexágonos amarillos	Trapecios rojos	Rombos azules	Cuadrados anaranjados	Rombos delgados, color canela	Triángulos verdes	Total de bloques
Manera 1							
Manera 2							
Manera 3							
Manera 4							
Manera 5							

Cubrir y contar: Figura F

Usa bloques de patrón para cubrir la figura F de diferentes maneras. Anota el número de bloques en la tabla.

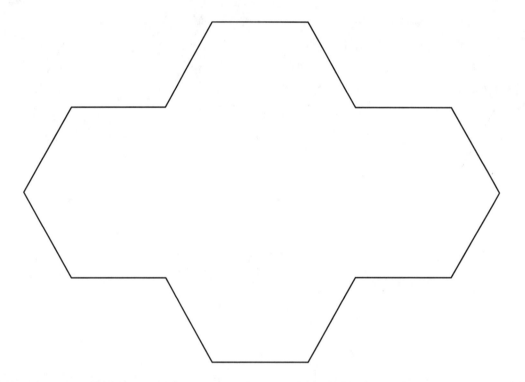

	Hexágonos amarillos	Trapecios rojos	Rombos azules	Cuadrados anaranjados	Rombos delgados, color canela	Triángulos verdes	Total de bloques
Manera 1							
Manera 2							
Manera 3							
Manera 4							
Manera 5							

Dibujos de figuras

Jake y Sally están haciendo diseños con bloques de patrón.

NOTA Los estudiantes contestan preguntas sobre diseños hechos con bloques de patrón.

 99

Un triángulo tiene 3 lados y 3 esquinas.

Un cuadrado tiene 4 lados y 4 esquinas.

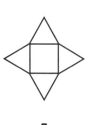 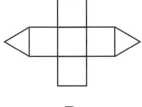 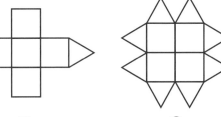

A   **B**   **C**   **D**

1. ¿Qué diseño tiene más triángulos? _____

2. ¿Qué diseño tiene más cuadrados? _____

3. ¿Qué diseño tiene triángulos solamente? _____

4. ¿Qué diseño tiene un cuadrado solamente? _____

Repaso continuo

5. ¿Qué combinación de números **no** forma 10?

    (A) $5 + 5$ (C) $6 + 3$

    (B) $5 + 4 + 1$ (D) $2 + 2 + 2 + 2 + 2$

Ordenar 10 objetos

Busca 10 objetos que sean lo suficientemente pequeños para moverlos, como piedras, monedas de 1¢ o botones. Agrúpalos de diferentes maneras. Anota por lo menos dos maneras y usa números para describirlas.

> **NOTA** Los estudiantes hallan combinaciones de números que sean iguales a 10. Hay muchas soluciones posibles.
>
> **MME** 46

Ejemplo:

$$4 + 3 + 2 + 1 = 10$$

1. Muestra cómo agrupaste los objetos.
   Usa números para describir la ordenación.

2. Muestra cómo agrupaste los objetos.
   Usa números para describir la ordenación.

Contar, monedas y combinaciones   Práctica diaria

Adivinanzas con números

Usa las pistas para adivinar estos números.

> **NOTA** Los estudiantes usan pistas para resolver adivinanzas con números.
>
> MME 24

1. Soy el número de horas que hay en un día.
   Soy lo que obtienes si sumas 12 + 12.
   Soy 2 dieces y 4 unos.

   ¿Qué número soy? _____

2. Soy el número de sentidos que tienes.
   Soy uno más que cuatro.
   Soy uno menos que seis.

   ¿Qué número soy? _____

3. Soy el número de estados de los Estados Unidos de América.
   Soy la mitad de 100.
   Soy 10 más que 40.

   ¿Qué número soy? _____

Repaso continuo

4. ¿Qué par de tarjetas tiene un total mayor que 12?

5 6	4 8	3 9	6 7
A	B	C	D

Relojes

NOTA Los estudiantes practican cómo decir la hora en punto.

 134

1. Lee cada reloj y escribe la hora.

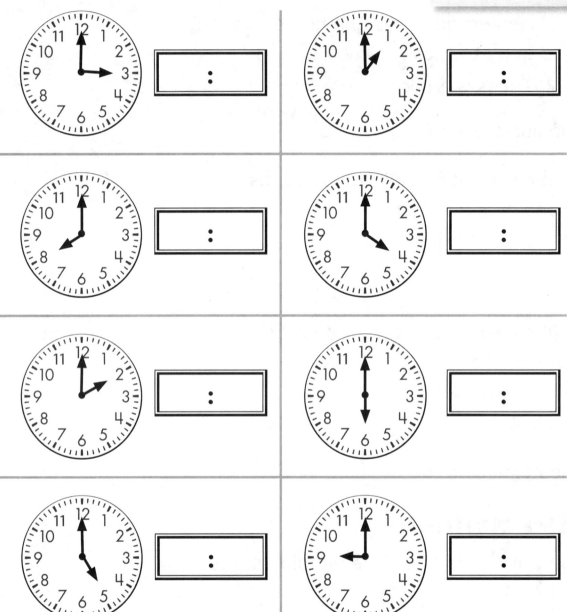

2. ¿En qué se parecen todos estos relojes?
   ¿Por qué? (Pista: Observa la manecilla grande.)
   Escribe tu respuesta en otra hoja.

El número de hoy: 7

El número de hoy es _7_ .

5 + 2
5 + 1 + 1
10 − 3

Muestra diferentes maneras de formar el número
de hoy.

Usar la tabla de 100

Resuelve estos problemas.
Completa los totales en la tabla de 100.

> **NOTA** Los estudiantes practican combinaciones de suma +1 and +2 y establecer una secuencia de números del 1 al 100.
>
> **MME** 24, 44, 45

1. $1 + 7 =$ _____   **2.** $2 + 3 =$ _____

3. $9 + 2 =$ _____   **4.** $8 + 1 =$ _____

5. $4 + 1 =$ _____   **6.** $2 + 5 =$ _____

7. $7 + 2 =$ _____   **8.** $1 + 6 =$ _____

---

9. Completa la tabla de 100 con todos los números.

1	2	3	4		6				10
	12	13	14	15	16	17	18	19	20
21		23	24	25	26	27	28		30
		33	34	35	36	37		39	
41	42		44	45	46		48	49	50
	52	53				57	58	59	
61	62	63		65		67	68	69	70
71	72	73	74	75	76		78	79	80
81	82		84	85	86	87	88	89	
	92	93	94	95	96	97	98		100

¿Son suficientes para la clase?

1. En nuestra clase hay _____ niños.

2. Conté los cubos de la bolsa _____.

3. ¿Cuántos cubos hay en total? _____

4. ¿Son suficientes para la clase?   SÍ   NO

5. ¿Sobró algún cubo?   SÍ   NO

¿Cuántos? _____

6. ¿Necesitas más cubos?   SÍ   NO

¿Cuántos? _____

7. ¿Cómo lo averiguaste? Muestra tu trabajo.

¡Dame 5!

NOTA Los estudiantes escriben expresiones de suma y resta que sean iguales a 5. Hay muchas soluciones posibles.

MME **55**

1. Halla todas las maneras que puedas para formar 5.

Sumando números

1 + 3 + 1

4 + 1

Restando números

6 — 1

5 — 0

Repaso continuo

2. ¿Qué número es 5 más que 12?

(A) 7   (B) 15   (C) 17   (D) 23

Identificar monedas

Observa con atención cada moneda. Anota lo que observas.

1.

Una **moneda de 1¢**

vale _____¢.

2.

Una **moneda de 5¢**

vale _____¢.

3.

Una **moneda de 10¢** vale

_____¢.

4.

Una **moneda de 25¢** vale

_____¢.

¿Son suficientes?

La Srta. Bank tiene 25 lápices.
Hay 18 estudiantes en la clase
de la Srta. Bank.

> **NOTA** Los estudiantes determinan si hay suficientes artículos para cada niño(a). Luego averiguan cuántos sobran o cuántos más se necesitan.

1. ¿Son suficientes para la clase?   SÍ   NO

2. ¿Sobró algún lápiz?   SÍ   NO

   ¿Cuántos? _____

3. ¿La Srta. Bank necesita más lápices?   SÍ   NO

   ¿Cuántos? _____

4. ¿Cómo lo averiguaste? Muestra tu trabajo.

¿Son suficientes para el picnic?

NOTA Los estudiantes practican cómo comparar 2 números de dos dígitos.

Van a ir 24 personas a tu casa para un picnic.
En tu canasta hay 30 sándwiches.

1. ¿Habrá suficientes sándwiches? _____

2. ¿Sobrará alguno? _____

3. Si es así, ¿cuántos? _____

Usa este espacio para mostrar tu trabajo.

Repaso continuo

4. ¿Cuántos más días lluviosos que días soleados muestra la gráfica?

(A) 3 más

(B) 2 más

(C) 1 más

(D) 0 más

El tiempo

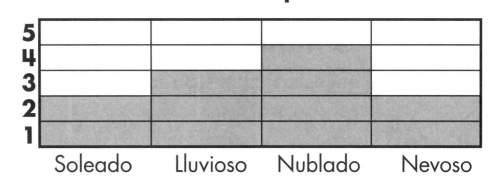

Intercambiar monedas

NOTA Los estudiantes practican cómo contar dinero y hallar equivalencias con monedas.

MME **20**

1. Dibuja una línea para mostrar intercambios iguales para cada grupo de monedas.

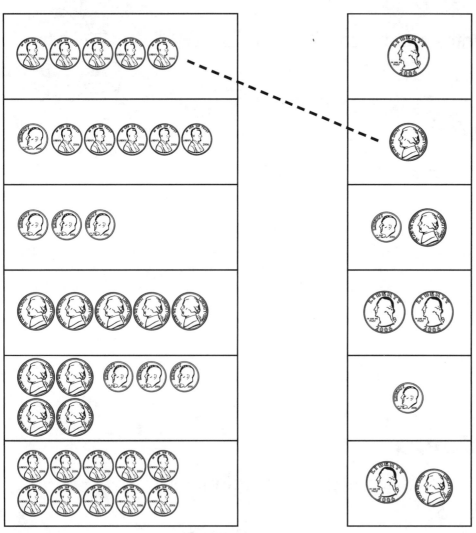

Repaso continuo

2. Marca el enunciado que **no** sea verdadero.

(A) $6 + 4 = 10$ (C) $10 - 4 = 6$

(B) $4 + 6 = 10$ (D) $10 - 6 = 3$

Nuestro primer Día de los Bolsillos

Escribe sobre nuestro primer Día de los Bolsillos.
Piensa en estas preguntas mientras escribes.

- ¿Cuál era la pregunta que estábamos tratando de contestar?
- ¿Qué hicimos? ¿Qué instrumentos usamos?
- ¿Qué averiguamos? ¿Cuántos bolsillos había?

_____

_____

_____

_____

_____

_____

Monedas

¿Cuántas monedas de 1¢ valen estas monedas?

NOTA Los estudiantes repasan el valor de las monedas.

MME 19, 20

1.

2.

3.

4.

Contar, monedas y combinaciones

Bolsillos en el hogar

Cuéntale a tu familia sobre el Día de
los Bolsillos.

Averigua cuántos bolsillos tiene puestos cada
persona. Luego, averigua cuántos bolsillos
tiene puestos tu familia en total. Puedes
intentar adivinar primero.

Si necesitas más espacio, usa el lado de atrás
de esta hoja.

> **NOTA** Los estudiantes
> reúnen y anotan datos sobre
> cuántos bolsillos tienen
> puestos las personas.
> Combinan varios números
> para averiguar el número
> total de bolsillos.

Persona	Número de bolsillos

Mi familia está usando _____ bolsillos en total.
Así es como lo averigüé.

Contar, monedas y combinaciones

¿Qué salió mal?

Éstas son partes de 3 tiras de conteo.
Intenta averiguar qué salió mal.
Corrige los errores.

NOTA Los estudiantes practican cómo contar y establecer una secuencia de números.

 26

1.

17
18
19
20
30
40

2.

21
22
23
23
24
25

3.

97
98
99
100
200
300

Repaso continuo

4. ¿Cuánto valen 1 moneda de 1¢, 2 monedas de 5¢ y 3 monedas de 10¢?

(A) 6¢ (B) 26¢ (C) 41¢ (D) 51¢

© Pearson Education 2

Contar, monedas y combinaciones

Día de los Bolsillos

1. Lee la tabla.

Luego dibújales bolsillos a los estudiantes.

> **NOTA** Los estudiantes leen una tabla de un conjunto de datos. Suman varios números para averiguar el número total de bolsillos.
>
> **MME** 94–95

Bolsillos	Estudiantes
0	1
1	3
2	2

2. Anota el número total de bolsillos aquí: _____

El número de hoy: 9

El número de hoy es <u>9</u> .

5 + 4

5 + 2 + 2

10 − 1

Muestra diferentes maneras de formar el número de hoy.

NOTA Los estudiantes escriben expresiones de suma y resta que sean iguales al número de hoy.

 55

Formar 10

Encierra en un círculo las dos tarjetas que forman 10.

NOTA Los estudiantes practican cómo hallar combinaciones que formen 10.

MME 46

1.

2.   2

3.

4.

Repaso continuo

5. ¿A cuántos niños se encuestaron?

¿Tienes un gato?

Sí	No
|||| ||||	|||| |||| ||||

- (A) 24
- (B) 25
- (C) 30
- (D) 42

Contar, monedas y combinaciones

La suma es...

Encierra en un círculo las dos tarjetas que formen cada suma.

NOTA Los estudiantes hallan combinaciones de suma que sean iguales a una suma dada.

 43

1. La suma es 15.

2. La suma es 9.

3. La suma es 16.

4. La suma es 7.

5. La suma es 11.

6. La suma es 13.

7. La suma es 4.

8. La suma es 20.

Repaso continuo

9. ¿Cuántos cubos hay en el tren de cubos?

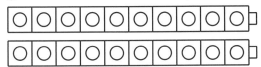
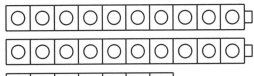

(A) 40   (B) 37   (C) 47   (D) 50

Reunir monedas

NOTA Los estudiantes practican cómo usar equivalencias de monedas y contar dinero.

 19, 20

1. Encierra monedas en un círculo para mostrar **15¢** en total.

2. Encierra monedas en un círculo para mostrar **20¢** en total.

3. Encierra monedas en un círculo para mostrar **25¢** en total.

El número de hoy: 10

El número de hoy es <u>10</u>.

$5 + 5$

$5 + 3 + 2$

$11 - 1$

Muestra diferentes maneras de formar el número de hoy.

Diez que se van

Imagina que estás jugando a *Diez que se van.* ¿Qué carta pedirías?

> **NOTA** A los estudiantes se les da un número y deben determinar qué número le tienen que sumar para formar un total de 10.
>
> **MME** 46

1.

2.

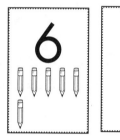

3.

5

4.

5.

3

6.

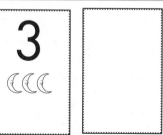

El total es 20

Colorea las tarjetas de cada fila para formar 20.

> **NOTA** Los estudiantes hallan combinaciones de números que sean iguales a 20.
>
> MME 43, 46

1.

| 10 | 5 | 3 | 10 | 1 |

2.

| 5 | 8 | 2 | 7 | 5 |

3.

| 2 | 1 | 6 | 4 | 9 |

4.

| 3 | 5 | 2 | 7 | 5 |

5.

| 2 | 7 | 9 | 8 | 1 |

Repaso continuo

6. ¿Qué par de tarjetas tiene el total más grande?

Ⓐ   3   4   Ⓒ   8   9

Ⓑ   5   5   Ⓓ   7   6

Contar, monedas y combinaciones

¿Cuántos niños? (página 1 de 2)

Resuelve el problema. Muestra tu trabajo.
Escribe una ecuación.

1. En el parque había 12 niños jugando a la mancha.

Llegaron 10 niños más para jugar.

¿Cuántos niños están jugando a la mancha ahora?

¿Cuántos niños? (página 2 de 2)

Resuelve el problema. Muestra tu trabajo.
Escribe una ecuación.

2. En el parque había 22 niños jugando a la mancha.

   Llegaron 10 niños más para jugar.

   ¿Cuántos niños están jugando a la mancha ahora?

¿El problema 1 te ayudó a resolver el problema 2?
Explica cómo te ayudó.

_____

_____

_____

_____

_____

El número de hoy: 12

El número de hoy es <u>12</u>.

Encierra en un círculo todos los problemas que sean iguales al número de hoy.

NOTA Los estudiantes determinan qué expresiones son iguales al número de hoy.

MME **55**

15 − 2	14 − 2
10 + 2 + 0	20 − 6
7 + 7	3 + 2 + 7
10 + 1 + 1	8 + 5
4 + 8	6 + 6

El número de hoy: 15

El número de hoy es 15.

10 + 5
10 + 4 + 1
20 − 5

Muestra diferentes maneras de formar el número de hoy.

¿Cuántas flores?

Resuelve el problema. Muestra tu trabajo.
Escribe una ecuación.

NOTA Los estudiantes resuelven un problema-cuento sobre combinar dos cantidades.

MME 59, 60

Kira recogió 12 flores.
Franco le dio 8 más.
¿Cuántas flores tiene Kira ahora?

El número de hoy: 13

El número de hoy es <u>13</u>.

6 + 7

6 + 4 + 3

15 − 2

Muestra diferentes maneras de formar el número de hoy.

NOTA Los estudiantes hallan combinaciones de números que sean iguales a 13. Hay muchas soluciones posibles.

 55

¿Cuántas tarjetas? (página 1 de 2)

Resuelve el problema. Muestra tu trabajo.
Escribe una ecuación.

1. Kira tenía 16 tarjetas de béisbol. Regaló 7.
   ¿Cuántas tarjetas de béisbol tiene Kira ahora?

Tarjeta de béisbol

¿Cuántas tarjetas? (página 2 de 2)

Resuelve el problema. Muestra tu trabajo.
Escribe una ecuación.

2. Kira tenía 26 tarjetas de béisbol. Regaló 7.
¿Cuántas tarjetas de béisbol tiene Kira ahora?

Tarjeta de béisbol

¿El problema 1 te ayudó a resolver el problema 2?
Explica por qué.

_____

_____

_____

_____

Más de dos para formar 10

Necesitas tres cartas para formar 10.
¿Qué carta pedirías?

> **NOTA** A los estudiantes se les dan dos números y tienen que determinar qué número les tienen que sumar para formar un total de 10.
>
> MME 46

1.

2.

3.

4.

5.

6.

Problemas-cuento (página 1 de 2)

Resuelve el problema. Muestra tu trabajo.
Escribe una ecuación.

1. Franco y Sally tienen 18 cerezas y 13 uvas.
¿Cuántas frutas tienen en total?

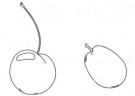

2. La maestra tenía 23 lápices.
Repartió 12 lápices.
¿Cuántos lápices le quedan?

Problemas-cuento (página 2 de 2)

Resuelve el problema. Muestra tu trabajo.
Escribe una ecuación.

3. Sally tiene 15 monedas de 1¢.
   Jake tiene 16 monedas de 1¢.
   ¿Cuántas monedas de 1¢ tienen en total?

4. Nuestra clase tenía 22 libros de animales
   en la biblioteca.
   Le prestamos 7 a otra clase.
   ¿Cuántos libros de animales
   tenemos todavía?

Recoger manzanas y pastel de manzanas

Resuelve el problema. Muestra tu trabajo.
Escribe una ecuación.

NOTA Los estudiantes practican cómo resolver problemas-cuento de suma y resta.

MME **59–61, 67–69**

1. Jake y Sally fueron a recoger manzanas.

   Jake recogió 8 manzanas.

   Sally recogió 15 manzanas.

   ¿Cuántas manzanas recogieron Jake y Sally en total?

2. Kira y Franco tenían 25 manzanas.

   Usaron 6 manzanas para hacer un pastel de manzanas.

   ¿Cuántas manzanas tienen ahora?

Más problemas-cuento (página 1 de 2)

Resuelve el problema. Muestra tu trabajo.
Escribe una ecuación.

1. Franco tenía 30 monedas de 1¢.
   Gastó 19 monedas de 1¢ para
   comprar un lápiz.
   ¿Cuánto dinero le queda a Franco?

2. Kira y Jake hicieron algunas bolas de nieve.
   Cada uno hizo 16 bolas de nieve.
   ¿Cuántas bolas de nieve hicieron en total?

Contar, monedas y combinaciones

Más problemas-cuento (página 2 de 2)

Resuelve el problema. Muestra tu trabajo.
Escribe una ecuación.

3. Jake y Sally estuvieron reuniendo piedras.
   Jake encontró 16 piedras y Sally encontró
   24 piedras.
   ¿Cuántas piedras reunieron en total?

4. En el gimnasio había 32 estudiantes.
   15 estudiantes volvieron a su clase.
   ¿Cuántos estudiantes se quedaron en
   el gimnasio?

Contar, monedas y combinaciones

Práctica diaria

Pelotas de fútbol

Resuelve cada problema. Muestra tu trabajo.
Escribe una ecuación.

NOTA Los estudiantes practican cómo resolver problemas-cuento de suma y resta.

MME 59–61, 67–69

1. El equipo de fútbol de Sally tenía 27 pelotas de fútbol.

   Le prestaron 9 pelotas al equipo de Franco.

   ¿Cuántas pelotas de fútbol tiene el equipo de Sally ahora?

2. El equipo de fútbol de Jake tenía 13 pelotas de fútbol.

   El equipo de Kira le dio 11 pelotas más.

   ¿Cuántas pelotas de fútbol tiene el equipo de Jake ahora?

¿Cuántos patos?

Resuelve cada problema. Muestra tu trabajo.
Escribe una ecuación.

NOTA Los estudiantes
resuelven un problema-cuento
combinando dos cantidades.

MME **59, 60, 61**

Ayer, Sally fue al parque.

Vio 19 patos en el aire y 14 patos
en el lago.

¿Cuántos patos vio?

La olla de dobles

Escribe el número que se saca o el número que se pone.

> **NOTA** Los estudiantes practican las combinaciones de dobles.
>
> **47**

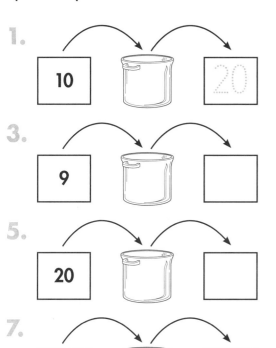

1. 10 → 20

3. 9 →

5. 20 →

7. → 14

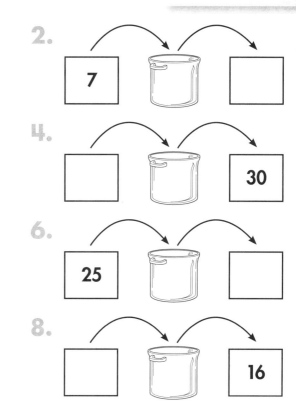

2. 7 →

4. → 30

6. 25 →

8. → 16

Ahora, escribe dos. ¡Qué sean difíciles!

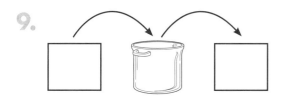

9.

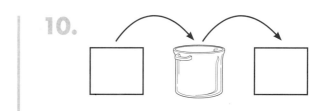

10.

Repaso continuo

11. ¿Cuántos triángulos hay en este patrón?

(A) 8   (B) 12   (C) 14   (D) 16

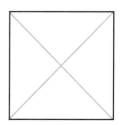

Contar, monedas y combinaciones   Tarea

Escribir un problema sobre una olla mágica (página 1 de 2)

NOTA Los estudiantes escriben y resuelven un problema-cuento en el que el número original del problema se duplica.

MME 47

Cuéntale a alguna persona de tu hogar el cuento de la Olla mágica. Juntos, escriban un problema sobre una olla mágica en esta hoja. Anota la solución de tu problema en el lado de atrás de esta hoja.

Escribir un problema sobre una olla mágica (página 2 de 2)

Anota la solución de tu problema aquí.

Duplícalo Hoja de anotaciones

Elige una tarjeta. Duplica el número. Escribe el total.

								20
								19
								18
								17
								16
								15
								14
								13
								12
								11
								10
								9
								8
								7
								6
								5
								4
								3
								2

Matrices de dobles Hoja de anotaciones

Elige una tarjeta. Duplica el número. Colorea esa
cantidad de cuadrados. Escribe una ecuación.

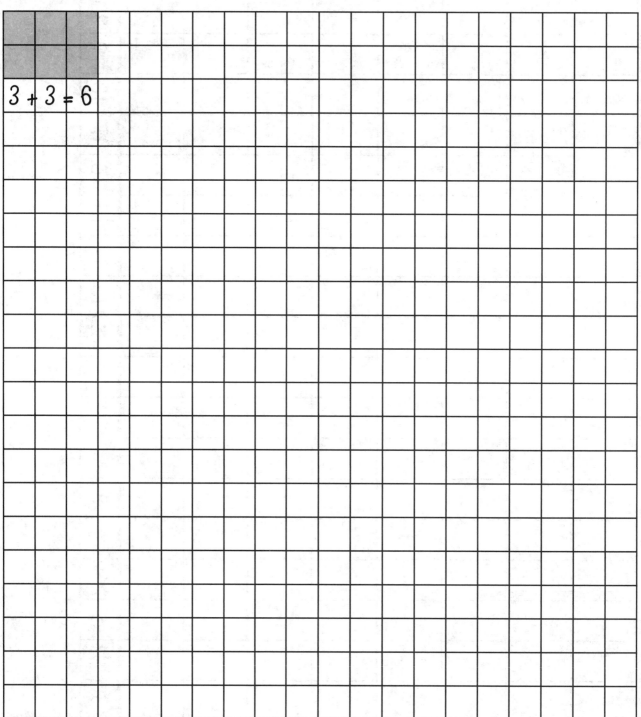

3 + 3 = 6

El número de hoy: 18

El número de hoy es <u>18</u>.

10 + 8
10 + 4 + 4
20 − 2

Muestra diferentes maneras de formar el número de hoy.

Contar, monedas y combinaciones   Práctica diaria

¿Cuántas manzanas?

Resuelve cada problema. Muestra tu trabajo.
Escribe una ecuación.

NOTA Los estudiantes resuelven un problema-cuento sobre restar una cantidad de otra.

MME **67, 68, 69**

En un tazón había 15 manzanas.
Jake y Sally usaron 6 manzanas
para hacer un pastel.
¿Cuántas manzanas sobraron?

© Pearson Education 2

Peces y tiburones

Resuelve cada problema. Muestra
tu trabajo.
Escribe una ecuación.

NOTA Los estudiantes practican
cómo resolver problemas-cuento
de suma.

MME 59, 60, 61

1. Franco y Kira fueron al acuario.
   Franco contó 16 peces azules.
   Kira contó 14 peces amarillos.
   ¿Cuántos peces contaron en total?

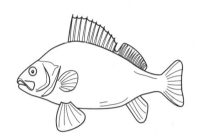

2. En el tanque de tiburones, Kira contó
   13 tiburones y Franco contó 13 tiburones.
   ¿Cuántos tiburones contaron en total?

Tarea

Resolver un problema sobre una olla mágica

Resuelve el problema. Muestra tu trabajo.
Escribe una ecuación.

NOTA Los estudiantes resuelven un problema que requiere poner algo en una olla mágica que duplica todo.

MME 47

El equipo de fútbol de Sally tiene 17 pelotas.
¿Cuántas pelotas tendría el equipo si Sally pusiera
todas las pelotas del equipo en una olla mágica?

© Pearson Education 2

En la frutería

 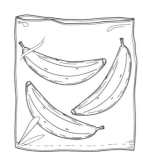 

La frutería donde Carla va de compras vende manzanas en bolsas de 5, bananos en bolsas de 3 y naranjas en bolsas de 4.

1. El martes, Carla compró dos bolsas de fruta.
   En total, compró 10 frutas.
   ¿Qué compró Carla?

2. El viernes, Carla compró 12 frutas.
   ¿Qué pudo haber comprado?

   ¿Qué más pudo haber comprado?

3. Carla quería comprar fruta para sus 17 amigos.
   ¿Qué puede comprar?

Complicated Kris Northern

"This image illustrates some of the best qualities of fractals—infinity, reiteration, and self similarity."– **Kris Northern**

Investigations
IN NUMBER, DATA, AND SPACE®
en español

Figuras, bloques y simetría

Investigación 3

Contar monedas

¿Cuántas monedas de 1¢ valen
estas monedas?

NOTA Los estudiantes
practican cómo determinar
equivalencias con monedas.

 19, 20

1.

_____ monedas de 1¢

2.

_____ monedas de 1¢

3.

_____ monedas de 1¢

4.

_____ monedas de 1¢

La figura de una cara

En tu casa, busca objetos tridimensionales que tengan estas figuras en una de sus caras. Como último objeto, dibuja tu propia figura.

NOTA Los estudiantes han estado identificando las caras bidimensionales de figuras tridimensionales. En casa, los estudiantes hallan figuras tridimensionales que tengan ciertas caras bidimensionales.

MME 113, 122

Cara	Figura tridimensional
□	
▭	
◯	
◁	

El juego de emparejar

Empareja el bloque tridimensional
con la cara bidimensional.

NOTA Los estudiantes practican cómo
identificar las caras bidimensionales de
figuras tridimensionales.

 122

1.   

2. 

3. 

4. 

Repaso continuo

5. ¿Cuántos lados tiene un cubo?

(A) 4   (B) 5   (C) 6   (D) 8

Reunir hojas

NOTA Los estudiantes resuelven un problema-cuento sobre combinar dos cantidades.

MME **59, 60, 61**

Kira y Franco estuvieron reuniendo hojas.

Kira reunió 12 hojas y Franco reunió 13 hojas.

¿Cuántas hojas reunieron en total?

Resuelve el problema. Muestra tu trabajo.
Escribe una ecuación.

Figuras, bloques y simetría   Práctica diaria

¡A navegar!

Di cuántos bloques de cada tipo hay en el diseño de velero. Luego sigue las instrucciones para colorearlo.

NOTA Los estudiantes practican cómo identificar figuras bidimensionales.

 114

triángulo   **rombo**   **trapecio**   **hexágono**

1. Triángulos _____
   Colorea los triángulos de verde.

2. Rombos _____
   Colorea los rombos de azul.

3. Trapecios _____
   Colorea los trapecios de rojo.

4. Hexágonos _____
   Colorea los hexágonos de amarillo.

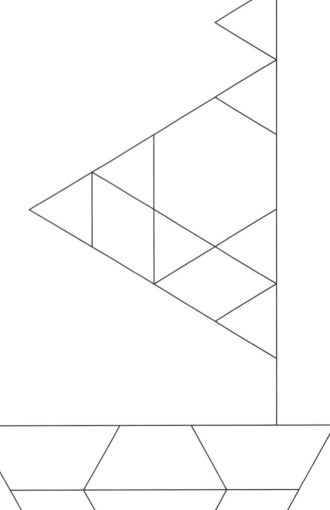

Figuras, bloques y simetría

Construir el Geoblock (página 1 de 3)

1. Une los Geoblocks para construir este bloque.
   Anota tu trabajo.

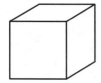

Construir el Geoblock (página 2 de 3)

2. Une los Geoblocks para construir este bloque.
Anota tu trabajo.

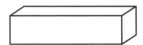

Figuras, bloques y simetría

Construir el Geoblock (página 3 de 3)

3. Une los Geoblocks para construir este bloque.
Anota tu trabajo.

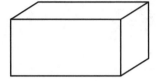

Manera de rellenar: Patrón 2 (página 1 de 2)

Usa diferentes tipos de bloques de patrón para rellenar
la figura. Anota tu trabajo dibujando las figuras de
los bloques que usaste en cada silueta de figura.

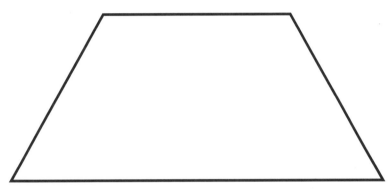

Usa 1 tipo de bloque de patrón para rellenar esta figura.

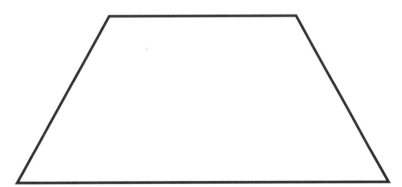

Usa 2 tipos de bloques de patrón para rellenar esta figura.

Manera de rellenar: Patrón 2 (página 2 de 2)

Usa diferentes tipos de bloques de patrón para rellenar
la figura. Anota tu trabajo dibujando las figuras de
los bloques que usaste en cada silueta de figura.

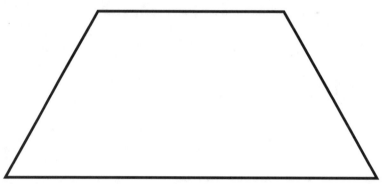

Usa 3 tipos de bloques de patrón para rellenar esta figura.

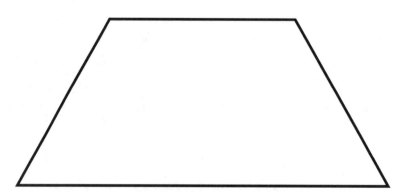

Usa 4 tipos de bloques de patrón para rellenar esta figura.

Cubrir con rombos

Observa el rombo a la derecha. Trazas líneas para mostrar cómo lo usarías para cubrir cada figura. Luego di cuántos rombos hay en cada figura.

> **NOTA** Los estudiantes determinan cuántos rombos se necesitan para cubrir cada figura.
>
> MME 114

1.

A

_____ rombos

2.

B

_____ rombos

3.

C

_____ rombos

4.

D

_____ rombos

5. ¿Qué figura tiene **más** rombos? Figura _____

6. ¿Qué figura tiene **menos** rombos? Figura _____

Repaso continuo

7. ¿Qué números faltan?

1, 2, 3 ____, 5, 6, 7, ____

4 y 5
(A)

4 y 8
(B)

7 y 8
(C)

3 y 4
(D)

Figuras, bloques y simetría

Práctica diaria

Práctica de combinaciones de dobles

Imagina que estás jugando a *Duplícalo*. Abajo están las tarjetas que sacaste. Halla cada doble. Escribe una ecuación.

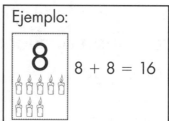

Ejemplo:

8

$8 + 8 = 16$

NOTA Los estudiantes practican las combinaciones de dobles.

MME 47

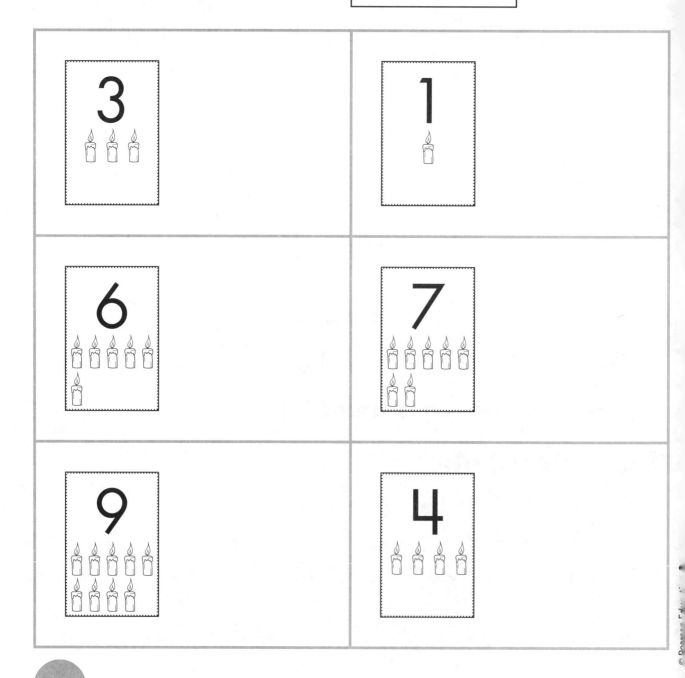

Figuras, bloques y simetría   Tarea

Figuras en el hogar

Haz dibujos de por lo menos 5 figuras
que encuentres en casa. Escribe
el nombre de cada objeto y qué
forma tiene.

NOTA Los estudiantes han estado
identificando y trabajando con diferentes
tipos de figuras bidimensionales y
tridimensionales. Los estudiantes
identifican figuras en casa, las dibujan
y anotan sus nombres.

 114, 117, 122

Ejemplo: Una puerta tiene forma de rectángulo.	

© Pearson Education 2

Más de dos para formar diez

Imagina que estás jugando al juego de cartas *Más de 2 para formar 10.* ¿Qué tarjeta necesitarías para formar 10?

NOTA A los estudiantes se les dan dos números y determinan el número que le tienen que sumar para formar un total de 10.

MME 46

7	1	

2	2	

3	2	

5	2	

1	1	

1	9	

Identificar diferentes tipos de cuadriláteros

Colorea de **azul** las figuras que tengan 4 lados y 4 ángulos rectos. Colorea de **rojo** las figuras que tengan 4 lados pero no 4 ángulos rectos.

> **NOTA** Los estudiantes clasifican figuras en 2 categorías: "4 lados y 4 ángulos rectos" y "4 lados pero no 4 ángulos rectos". Los estudiantes identifican estos grupos de figuras y las colorean de azul o de rojo.
>
> MME 118, 119, 120

¿Cuál tiene más?

Observa los rectángulos de *¿Cuál es más grande?*
Anota cuántas fichas cuadradas necesitas para
cubrir cada rectángulo.

Rectángulo	A	B	C	D	E	F	G
Número de fichas para cubrirlo							

Imagina que los rectángulos son barras de chocolate.

1. ¿Qué barra de chocolate quisieras? _____
   ¿Por qué?

   _____

   _____

2. ¿Qué barra de chocolate tendría más chocolate? _____
   ¿Cómo lo sabes?

   _____

   _____

3. ¿Qué barra de chocolate tendría menos chocolate? _____
   ¿Cómo lo sabes?

   _____

   _____

¿Cuál es más grande?
¿Cuál es más pequeño?

NOTA Los estudiantes cuentan el número de unidades cuadradas para ordenar un conjunto de rectángulos según su área.

MME **127**

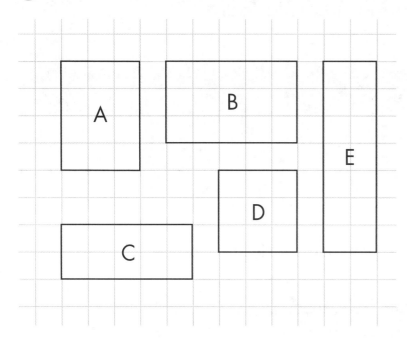

1. Cuenta los cuadrados de cada rectángulo.

_____ _____ _____ _____ _____
   A   B   C   D   E

2. ¿Qué rectángulo es más grande? _____

3. ¿Qué rectángulo es más pequeño? _____

4. Escribe las letras de los rectángulos en orden, del más grande al más pequeño.

_____ _____ _____ _____ _____

Figuras, bloques y simetría

Adivinanzas con rectángulos (página 1 de 2)

Usa fichas cuadradas de colores para resolver cada problema. Haz un dibujo de tu solución.

1. Este rectángulo tiene 5 filas. Tiene 25 fichas.

2. Este rectángulo tiene 3 filas. Hay 7 fichas en cada fila.

3. Este rectángulo tiene 11 fichas.

Adivinanzas con rectángulos

(página 2 de 2)

Usa fichas cuadradas de colores para resolver cada problema. Haz un dibujo de tu solución.

4. Este rectángulo tiene 3 columnas y 3 filas.

5. Este rectángulo tiene 15 fichas. Tiene 3 columnas.

6. Escribe tu propia adivinanza de rectángulo.

_____

_____

_____

_____

Pegatinas para la clase

En la clase del Sr. Z hay 23 estudiantes.
El Sr. Z tiene 19 pegatinas.

El Sr. Z quiere darle 1 pegatina a cada estudiante.

NOTA Los estudiantes determinan si hay suficientes artículos para todos los niños. Luego averiguan cuántos sobran o cuántos más se necesitan.

1. ¿Hay suficientes para la clase?　　　SÍ　　　NO

2. ¿Sobra alguna pegatina?　　　SÍ　　　NO

　　¿Cuántas? _____

3. ¿El Sr. Z necesita más pegatinas?　　　SÍ　　　NO

　　¿Cuántas? _____

4. ¿Cómo lo averiguaste? Muestra tu trabajo.

Adivinanzas rectangulares

Dibuja el rectángulo que resuelve
la adivinanza.

> **NOTA** Los estudiantes practican
> cómo dibujar rectángulos según
> la información dada sobre
> dimensiones y área.
>
> MME **126, 127**

1. Tengo 4 filas
y 6 columnas.

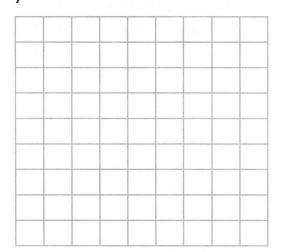

2. Tengo 15 cuadrados
y 3 filas.

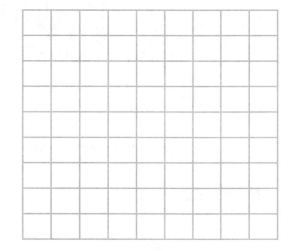

3. Tengo 6 filas
y 5 columnas.

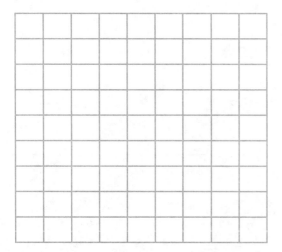

4. Tengo 18 cuadrados
y 6 columnas.

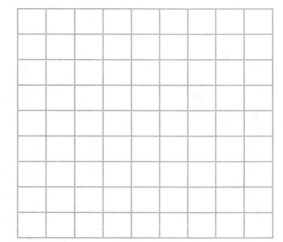

5. En los problemas anteriores,
¿qué rectángulo es más grande? _____

Números en secuencia

1. Resuelve estos problemas. Completa la tabla de 100 de abajo con los totales.

NOTA Los estudiantes practican "Más 1, más 2", "Combinaciones de dobles" y cómo establecer secuencias de números del 1 al 100.

 24, 25

9 + 9 = _____   0 + 1 = _____   1 + 6 = _____

9 + 2 = _____   9 + 1 = _____   3 + 1 = _____

10 + 10 = _____   3 + 3 = _____   8 + 8 = _____

7 + 7 = _____   2 + 7 = _____   6 + 6 = _____

2. Completa los otros números que faltan en la tabla de 100.

	2	3		5			8		
			15		17		19		
21	22	23	24		26	27		29	30
		34	35	36	37	38		40	
41	42		44		46		48	49	
	52	53	54	55	56				60
61	62	63		65		67	68	69	70
71			74	75	76	77	78	79	80
	82		84	85	86	87	88	89	90
91	92	93	94	95	96	97		99	

Sólo un rectángulo
(página 1 de 3)

Recorta las fichas cuadradas de Sólo un rectángulo (R27). Usa las fichas para hacer rectángulos. Para cada caja, dibuja todos los rectángulos que hagas con ese número de fichas.

NOTA En la clase de hoy los estudiantes usaron fichas cuadradas para hacer rectángulos de diferentes tamaños. Hallaron que para ciertos números de fichas pudieron hacer sólo un rectángulo. Esta noche, los estudiantes trabajarán en una actividad parecida y determinarán para qué cantidades de fichas sólo es posible un rectángulo.

MME 127

Haz rectángulos usando de 2 a 7 fichas. Si quieres, haz rectángulos usando de 8 a 12 fichas. Asegúrate de contestar la pregunta de la última página.

Usa **2** fichas cuadradas.	Usa **3** fichas cuadradas.
Usa **4** fichas cuadradas.	Usa **5** fichas cuadradas.

© Pearson Education 2

Sólo un rectángulo (página 2 de 3)

Usa las fichas cuadradas que ya recortaste para
hacer rectángulos. Para cada caja, dibuja todos
los rectángulos que hagas con ese número de fichas.

Usa **6** fichas cuadradas.	Usa **7** fichas cuadradas.
Usa **8** fichas cuadradas.	Usa **9** fichas cuadradas.

Figuras, bloques y simetría Tarea

Sólo un rectángulo (página 3 de 3)

Usa las fichas cuadradas que ya recortaste para hacer rectángulos. Para cada caja, dibuja todos los rectángulos que hagas con ese número de fichas.

Usa **10** fichas cuadradas.

Usa **11** fichas cuadradas.

Usa **12** fichas cuadradas.

¿Qué números de fichas cuadradas hacen sólo 1 rectángulo? _____

Problema doble

Lee cada problema. Si la respuesta es incorrecta,
táchala y escribe la respuesta correcta.

NOTA Los estudiantes
practican las
combinaciones
de dobles.

MME 47

Por ejemplo:
2 + 2 = ~~3~~ 4

1. 4 + 4 = 10	**2.** 5 + 5 = 10
3. 6 + 6 = 11	**4.** 9 + 9 = 16
5. 7 + 7 = 15	**6.** 3 + 3 = 5
7. 8 + 8 = 14	**8.** 10 + 10 = 20

Repaso continuo

9. ¿Qué respuesta **no** podría ser correcta?

Shannon tiene 12 mascotas. Algunas son gatos
y otras son perros. ¿Cuántas de las 12 mascotas
de Shannon podrían ser gatos?

(A) 12   (B) 11   (C) 6   (D) 1

Práctica diaria

Compartir globos

Sally tenía 21 globos.
Le dio 9 a Max.
¿Cuántos globos tiene Sally ahora?

Resuelve el problema. Muestra tu trabajo.
Escribe una ecuación.

> **NOTA** Los estudiantes resuelven un problema-cuento donde restan una cantidad de otra.
>
> **MME** 67, 68, 69

Repaso continuo

1. ¿Qué figura tiene más lados?

(A) rombo   (B) triángulo   (C) cuadrado   (D) hexágono

Figuras, bloques y simetría   Práctica diaria

El número de hoy: 16

Encierra en un círculo todos los problemas
que sean iguales al número de hoy.

NOTA Los estudiantes
identifican expresiones que
sean iguales al número 16.

MME **55, 56**

El número de hoy es 16.

$19 - 2$	$8 + 8$
$5 + 5 + 6$	$20 - 4$
$4 + 4 + 4 + 4$	$4 + 9$
$16 + 3$	$10 + 6$
$2 + 14$	$8 + 2 + 3 + 3$

© Pearson Education **2**

Duplícalo Hoja de anotaciones

Elige una tarjeta. Duplica el número. Escribe el total.

									20
									19
									18
									17
									16
									15
									14
									13
									12
									11
									10
									9
									8
									7
									6
									5
									4
									3
									2

Práctica con *Diez que se van*

Imagina que estás jugando al juego de cartas *Diez que se van*. ¿Qué carta pedirías?

NOTA A los estudiantes se les da un número y ellos determinan qué número se debe sumar para formar 10.

 46, J14

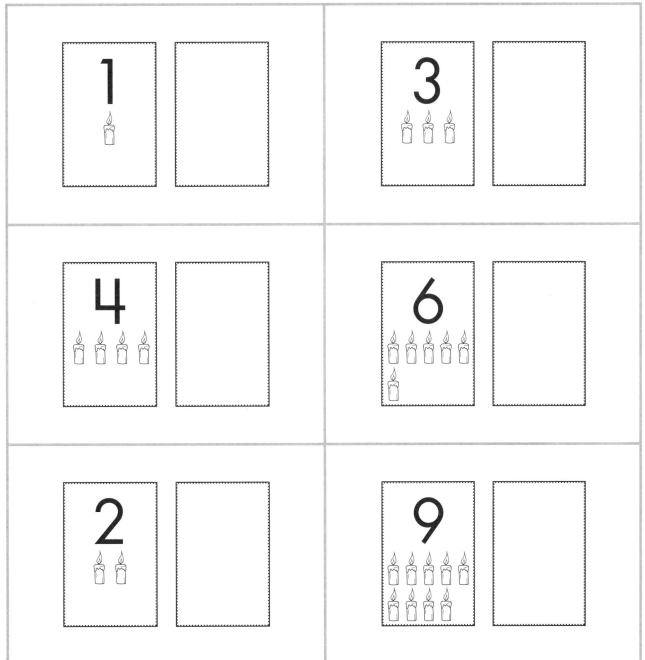

Buscar simetría

En tu hogar, busca por lo menos 5 cosas
que sean simétricas. Dibújalas o pega fotos
o diseños simétricos de revistas o catálogos
en esta hoja.

> **NOTA** Los estudiantes buscan
> objetos simétricos en el hogar.
>
> **129**

Figuras, bloques y simetría

Papel cuadriculado con fichas cuadradas para copiar

Simetría en el espejo

Di si cada diseño de bloques de patrón
es simétrico. Escribe **sí** o **no.**

Práctica diaria

NOTA Los estudiantes determinan
si una figura es simétrica.

 129

1.

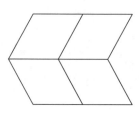

_____

2.

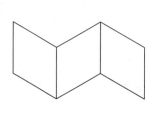

_____

3.

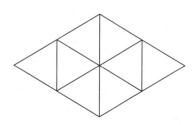

_____

4.

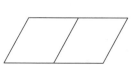

_____

5.

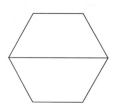

_____

6.

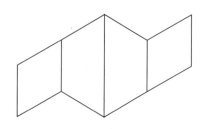

_____

7.

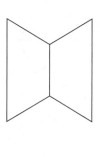

_____

8.

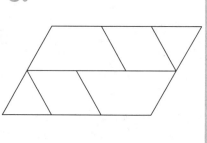

_____

9.

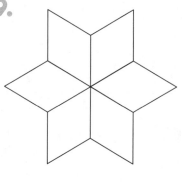

_____

Figuras, bloques y simetría

La hora en punto

Lee cada reloj y escribe la hora.

NOTA Los estudiantes practican decir la hora en punto.

 135

1.

 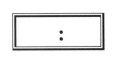

2.

 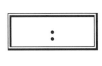

3.

 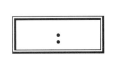

4.

 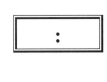

5.

 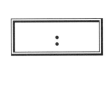

6.

 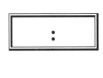

7.

 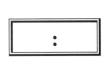

8.

 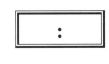

Figuras, bloques y simetría

Mitad y mitad (página 1 de 2)

Lado B

Lado A

Figuras, bloques y simetría

Mitad y mitad (página 2 de 2)

Lado B

Lado A

Figuras, bloques y simetría

¿Cuántos bloques? (página 1 de 2)

Usa esta hoja con la hoja de Mitad y Mitad y con tus bloques de patrón.

Diseño 1 de bloques de patrón

1. Construye el lado A de tu diseño.

2. Número de bloques del lado A: _____

3. Creo que habrá _____ bloques en todo el diseño porque:

   _____

   _____

   _____

   _____

4. Construye el lado B para terminar tu diseño.

5. ¿Cuántos bloques hay en tu diseño terminado? _____

Figuras, bloques y simetría

¿Cuántos bloques? (página 2 de 2)

Usa esta hoja con la hoja de Mitad y Mitad y con tus bloques de patrón.

Diseño 2 de bloques de patrón

1. Construye el lado A de tu diseño.

2. Número de bloques del lado A: _____

3. Creo que habrá _____ bloques en todo el diseño porque:

   _____

   _____

   _____

   _____

4. Construye el lado B para terminar tu diseño.

5. ¿Cuántos bloques hay en tu diseño terminado? _____

Terminar las figuras

Dibuja la otra mitad de la figura para hacerla simétrica.

NOTA Los estudiantes completan cada figura para hacerla simétrica.

MME 129

1. Ejemplo:

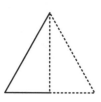

2.

3.

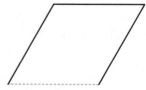

4.

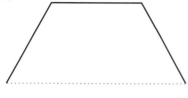

5.

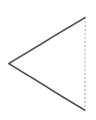

6.

7.

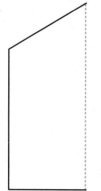

8.

9.

Simetría en la naturaleza

Muchos objetos del mundo natural son
simétricos. Observa las fotos de abajo
y dibuja todos los ejes de simetría posibles.

> **NOTA** Los estudiantes
> buscan ejes de simetría en
> objetos del mundo real.
>
> **129**

© Pearson Education 2

Complicated Kris Northern

"This image illustrates some of the best qualities of fractals—infinity, reiteration, and self similarity."– **Kris Northern**

Investigations
IN NUMBER, DATA, AND SPACE®
en español

Pegatinas, cadenas de números y problemas-cuento

Investigación 4

Problemas sobre
tres grupos (página 1 de 2)

Halla el número de cubos que Jake usó en cada
problema. Suma los números por lo menos en dos
órdenes diferentes. Muestra tu trabajo.

1. Jake usó 6 cubos verdes, 3 cubos azules
   y 4 cubos amarillos para hacer un tren.
   ¿Cuántos cubos usó?

2. Jake usó 8 cubos verdes, 5 cubos azules
   y 5 cubos amarillos para hacer un tren.
   ¿Cuántos cubos usó?

Pegatinas, cadenas de números y problemas-cuento

Problemas sobre
tres grupos (página 2 de 2)

3. Jake usó 6 cubos verdes, 8 cubos azules
   y 5 cubos amarillos para hacer un tren.
   ¿Cuántos cubos usó?

4. Cuando cambias el orden de los números, ¿obtienes
   la misma respuesta? ¿Por qué crees eso?

Pegatinas, cadenas de números y problemas-cuento

El número de hoy: 17

El número de hoy es *17*.

$10 + 7$

$5 + 5 + 5 + 2$

$20 - 3$

Escribe por lo menos 5 maneras diferentes de formar 17.

> **NOTA** Los estudiantes escriben ecuaciones que sean iguales al número de hoy. Hay muchas soluciones posibles.
>
> **MME** **55, 56**

Cadenas de números (página 1 de 2)

Usa combinaciones que sepas para resolver cada problema.

1. $3 + 4 + 6 =$	**2.** $3 + 7 + 8 =$
3. $7 + 5 + 7 + 5 =$	**4.** $1 + 5 + 9 =$
5. $8 + 4 + 2 =$	**6.** $8 + 6 + 3 + 7 + 2 =$

Cadenas de números (página 2 de 2)

7. 8 + 9 + 3 =	**8.** 6 + 6 + 7 + 7 =
9. 8 + 6 + 8 + 4 =	**10.** 3 + 7 + 4 =
11. 9 + 4 + 5 + 1 =	**12.** 8 + 6 + 3 + 7 + 2 =

Pegatinas, cadenas de números y problemas-cuento

Práctica diaria

Practicar con cadenas de números

Resuelve cada problema de cadena de números. Recuerda buscar dobles y combinaciones que formen 10.

> **NOTA** Los estudiantes practican cómo resolver problemas con varios sumandos y usando combinaciones de suma que conocen.
>
> **MME** 46, 47, 54

1. $3 + 4 + 7 =$	**2.** $1 + 2 + 7 + 4 =$
3. $8 + 10 + 8 =$	**4.** $2 + 9 + 8 + 1 =$
5. $6 + 5 + 4 + 5 =$	**6.** $2 + 6 + 6 =$
7. $9 + 3 + 1 + 3 =$	**8.** $5 + 7 + 3 + 5 + 6 =$

¿Puedes formar…?

Usa tres números diferentes en cada problema. Usa cada número de abajo por lo menos una vez.

> **NOTA** Los estudiantes practican cómo hallar combinaciones de tres sumandos para formar cierta suma.
>
> **54**

7		8		9		1		4
	5		3		6		2	

1. ¿Puedes formar 15 con 3 números?

_____ + _____ + _____ = 15

2. ¿Puedes formar 16 con 3 números?

_____ + _____ + _____ = 16

3. ¿Puedes formar 17 con 3 números?

_____ + _____ + _____ = 17

4. ¿Puedes formar 18 con 3 números?

_____ + _____ + _____ = 18

Pegatinas, cadenas de números y problemas-cuento   Tarea

Cadenas de números en el hogar

NOTA Los estudiantes resuelven dos problemas con varios sumandos. Anime a su niño(a) a usar combinaciones de suma que sepa, y que anote todo el trabajo.

 43, 54

Usa combinaciones que sepas para resolver estos problemas. Muestra tu trabajo.

1. $6 + 7 + 5 + 6 + 3 =$

2. $8 + 3 + 4 + 6 + 2 =$

Pegatinas, cadenas de números y problemas-cuento

Cerca de 20 Hoja de anotaciones

Puntaje

Juego

Vuelta 1: _____ + _____ + _____ = _____

Vuelta 2: _____ + _____ + _____ = _____

Vuelta 3: _____ + _____ + _____ = _____

Vuelta 4: _____ + _____ + _____ = _____

Vuelta 5: _____ + _____ + _____ = _____

PUNTAJE TOTAL _____

0 1 2 3 4 5 6 7 8 9 10 11 12 13 14 15 16 17 18 19 20 21 22 23 24 25

Buscar combinaciones

Resuelve la misma cadena de números de tres maneras diferentes. Usa ecuaciones para mostrar tu solución.

> **NOTA** Los estudiantes practican cómo usar combinaciones que saben para resolver un problema con varios sumandos.
>
> **MME** 43, 46, 47, 48, 54

---

1. Empieza buscando combinaciones de 10.

✓   ✓

$6 + 4 + 5 + 7 + 4$

$6 + 4 = 10$

---

2. Empieza buscando dobles.

$6 + 4 + 5 + 7 + 4$

3. Empieza buscando casi dobles.

$6 + 4 + 5 + 7 + 4$

Repaso continuo

4. ¿Qué combinación de números **no** forma 20?

(A) $10 + 10$

(C) $19 + 3$

(B) $18 + 2$

(D) $5 + 5 + 5 + 5$

Más cadenas de números (página 1 de 2)

Usa combinaciones que sepas para resolver estos problemas. Muestra tu trabajo.

1. $2 + 7 + 6 =$	**2.** $5 + 3 + 6 + 8 + 7 =$
3. $5 + 6 + 4 + 10 + 5 =$	**4.** $2 + 9 + 1 + 2 =$
5. $5 + 6 + 4 =$	**6.** $9 + 7 + 1 + 3 =$

Pegatinas, cadenas de números y problemas-cuento

Más cadenas de números (página 2 de 2)

7. 11 + 11 + 8 =

8. 5 + 4 + 7 + 5 + 7 =

9. 12 + 4 + 4 + 10 =

10. 9 + 8 + 11 + 8 =

11. 19 + 6 + 5 =

12. 9 + 6 + 1 + 4 =

Y más cadenas de números (página 1 de 2)

Usa combinaciones que sepas para resolver
estos problemas. Muestra tu trabajo.

1. $9 + 8 + 7 =$	**2.** $2 + 3 + 3 + 3 + 7 =$
3. $9 + 7 + 3 + 11 =$	**4.** $9 + 8 + 17 =$
5. $6 + 6 + 6 =$	**6.** $19 + 7 + 3 + 11 =$

Pegatinas, cadenas de números y problemas-cuento

Y más cadenas de números (página 2 de 2)

7. $6 + 6 + 8 =$	**8.** $12 + 18 + 5 =$
9. $6 + 7 + 9 + 9 =$	**10.** $6 + 6 + 8 + 10 =$
11. $15 + 8 + 5 =$	**12.** $9 + 16 + 1 + 14 =$

Pegatinas, cadenas de números y problemas-cuento

Práctica diaria

Hora: la media hora

1. Lee cada reloj y escribe la hora.

NOTA Los estudiantes practican cómo decir la hora y media.

 139

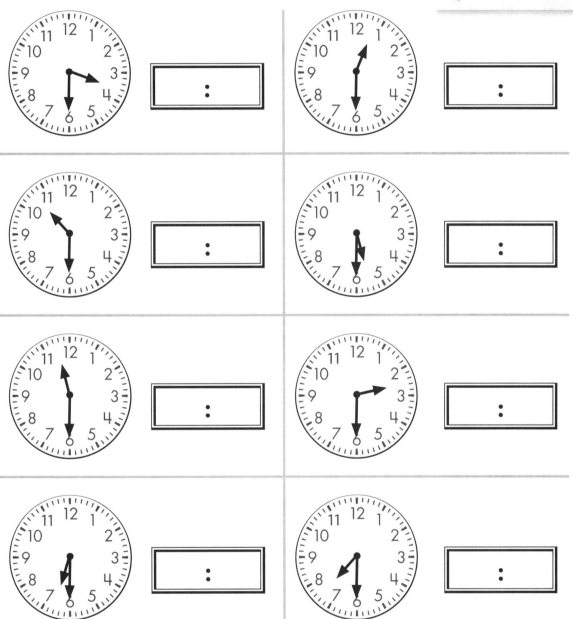

2. ¿En qué se parecen todos estos relojes?
¿Por qué? (Pista: Observa la manecilla grande.)

Puntajes de *Cerca de 20*

Sally y Franco están jugando a *Cerca de 20*.
Completa el resto de la hoja de Franco.

Recuerda: El puntaje de una vuelta es
la distancia que el total de esa vuelta
está de 20.

> **NOTA** Los estudiantes
> resuelven problemas de
> suma con tres sumandos y
> determinan a qué distancia
> de 20 están los totales.
>
> **MME** 43, 54

Hoja de puntaje de Sally

		Total	Puntaje
Vuelta 1	4 + 6 + 8	18	2
Vuelta 2	10 + 9 + 3	22	2
Vuelta 3	9 + 0 + 10	19	1
Vuelta 4	10 + 1 + 1	12	8
Vuelta 5	10 + 2 + 8	20	0

Puntaje total de Sally: _____

Hoja de puntaje de Franco

		Total	Puntaje
Vuelta 1	4 + 8 + 2		
Vuelta 2	6 + 9 + 5		
Vuelta 3	7 + 6 + 8		
Vuelta 4	3 + 5 + 10		
Vuelta 5	1 + 7 + 9		

Puntaje total de Franco: _____

Cerca de 20 Hoja de anotaciones

NOTA Los estudiantes han estado jugando a "Cerca de 20" en la clase. Cuando su niño(a) juegue con usted, pídale que le ayude a hallar combinaciones cerca de 20.

MME **43, 44, 45, 46, 47, 48–50, 52, 53, 54**

Puntaje

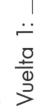

Juego

Vuelta 1: _____ + _____ + _____ = _____

Vuelta 2: _____ + _____ + _____ = _____

Vuelta 3: _____ + _____ + _____ = _____

Vuelta 4: _____ + _____ + _____ = _____

Vuelta 5: _____ + _____ + _____ = _____

PUNTAJE TOTAL _____

¿Cuántas piedras?

Resuelve cada problema. Muestra tu trabajo.
Escribe una ecuación.

1. Kira y Jake reunieron piedras.
   Kira halló 12 piedras y Jake halló
   24 piedras. ¿Cuántas piedras
   reunieron en total?

2. Kira reunió 26 piedras. Jake reunió
   14 piedras. ¿Cuántas piedras
   reunieron en total?

¿Cuántas conchas?

Resuelve cada problema. Muestra tu trabajo.
Escribe una ecuación.

1. Sally y Franco fueron a la playa. Sally encontró
   23 conchas y Franco encontró 14 conchas.
   ¿Cuántas conchas encontraron?

2. Ayer, Sally y Franco reunieron 27 conchas.
   Hoy, reunieron 13 cochas más. ¿Cuántas
   conchas reunieron en total?

¿Cuántos carros?

Resuelve cada problema. Muestra tu trabajo.
Escribe una ecuación.

> **NOTA** Los estudiantes resuelven problemas-cuento sobre sumar dos cantidades.
>
> **59, 60, 61**

1. Sally y Franco hicieron un viaje con sus padres. Mientras iban en el carro, Sally contó 21 carros azules. Franco contó 17 carros azules. ¿Cuántos carros azules contaron?

2. En el viaje de regreso, Sally contó 16 camiones. Franco contó 13 camiones. ¿Cuántos camiones contaron?

Repaso continuo

3. ¿Cuántos estudiantes estuvieron ausentes el 3 de marzo?

 Ⓐ 3   Ⓒ 1

 Ⓑ 2   Ⓓ 0

Fecha	Presentes	Ausentes	Total
1° de marzo	26	2	28
2° de marzo	28	0	28
3° de marzo	25	?	28

¿Cuántas cerezas?

Resuelve cada problema. Muestra tu trabajo. Escribe una ecuación.

> **NOTA** Los estudiantes combinan dos cantidades para resolver un problema-cuento. Anime a su niño(a) a usar combinaciones que sepa y a anotar todo su trabajo.
>
> **MME** 59, 60, 61

1. Sally recogió 15 cerezas. Jake recogió 16 cerezas. ¿Cuántas cerezas recogieron?

2. Después de recoger tantas cerezas, a Sally y Jake les dio hambre. Sally comió 11 cerezas y Jake comió 17 cerezas. ¿Cuántas cerezas comieron?

¿Cuántas canicas?

Resuelve cada problema. Muestra tu trabajo.
Escribe una ecuación.

1. Kira tenía 35 canicas en su bolsa. Le dio 12 a
   Franco. ¿Cuántas canicas quedaron en su bolsa?

2. Jake tenía 45 canicas. Le dio 22 a su hermanito.
   ¿Cuántas canicas le quedan a Jake?

El número de hoy: 19

El número de hoy es 19. Encierra en
un círculo todos los problemas que sean
iguales al número de hoy.

NOTA Los estudiantes determinan
qué expresiones son iguales a 19.

MME 55

$5 + 5 + 5 + 4$	$21 - 6$
$10 + 9 + 0$	$23 - 4$
$6 + 7 + 8$	$2 + 3 + 3 + 4 + 7$
$3 + 8 + 2 + 3 + 3$	$9 + 9 + 1$
$27 - 9$	$7 + 7 + 2 + 2 + 1$

¿Cuántas monedas de 1¢? (página 1 de 2)

Resuelve cada problema. Muestra tu trabajo.
Escribe una ecuación.

1. Sally ahorró 13 monedas de 1¢. Luego su mamá le dio 12 monedas de 1¢ más. ¿Cuántas monedas de 1¢ tiene ahora?

2. Franco tenía 25 monedas de 1¢. Luego le dio 13 monedas de 1¢ a su hermanito. ¿Cuántas monedas de 1¢ le quedan a Franco?

Pegatinas, cadenas de números y problemas-cuento

¿Cuántas monedas de 1¢? (página 2 de 2)

3. Kira tenía 27 monedas de 1¢. Luego su mamá le dio 12 monedas de 1¢ más. ¿Cuántas monedas de 1¢ tiene ahora?

4. Franco tenía 39 monedas de 1¢. Luego le dio 12 monedas de 1¢ a su hermanito. ¿Cuántas monedas de 1¢ le quedan a Franco?

¿Cuántos niños?

Resuelve cada problema. Muestra
tu trabajo. Escribe una ecuación.

> **NOTA** Los estudiantes resuelven
> problemas-cuento que requieren
> restar una cantidad de otra.
>
> **67, 68, 69**

1. En la piscina había 28 niños. A la hora
del almuerzo, 11 niños salieron de la piscina.
¿Cuántos niños se quedaron en la piscina?

2. En la clase de la Srta. Walter hay 20 niños.
El lunes, 9 niños estuvieron ausentes. ¿Cuántos
niños hubo en la clase ese día?

Repaso continuo

3. ¿Qué número es 10 **más** que 21 y 10 **menos**
que 41?

   (A) 40   (B) 31   (C) 30   (D) 22

¿Cuántos libros?

Resuelve cada problema. Muestra tu trabajo. Escribe una ecuación.

NOTA Los estudiantes resuelven un problema-cuento que requiere restar una cantidad de otra. Anime a su niño(a) a anotar todo su trabajo.

MME 67, 68

1. Nuestra clase tiene 29 libros sobre reptiles. Le prestamos 7 a otra clase. ¿Cuántos libros sobre reptiles tenemos ahora?

2. Nuestra clase también tiene 24 libros sobre aves. Le prestamos 9 a otra clase. ¿Cuántos libros sobre aves tenemos ahora?

Globos y niños (página 1 de 2)

Resuelve cada problema. Muestra tu trabajo.
Escribe una ecuación.

1. Kira tenía un grupo de 18 globos. Sally le dio
   algunos globos más. Entonces Kira se quedó con
   24 globos. ¿Cuántos globos le dio Sally a Kira?

2. Franco tenía 24 globos. Se le escaparon algunos y
   se volaron. Cuando los volvió a contar, le quedaban
   18 globos. ¿Cuántos globos se volaron?

3. ¿Puedes usar lo que sabes del problema 1 para
   resolver el problema 2? ¿En qué ayuda?

Pegatinas, cadenas de números y problemas-cuento

Globos y niños (página 2 de 2)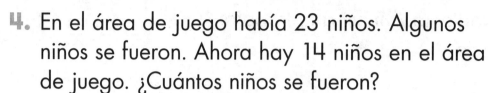

4. En el área de juego había 23 niños. Algunos niños se fueron. Ahora hay 14 niños en el área de juego. ¿Cuántos niños se fueron?

5. En el área de juego había 14 niños. Después llegaron algunos niños más. Ahora hay 23 niños en el área de juego. ¿Cuántos niños más llegaron?

6. ¿Puedes usar lo que sabes del problema 4 para resolver el problema 5? ¿En qué ayuda?

Lanzar y duplicar

Estás jugando a un juego llamado *Lanzar y duplicar*. Estos dados muestran lo que sacaste. Halla el total de lo que sacaste cada vez que lanzaste. Luego halla el doble de ese total. Escribe una ecuación.

NOTA Los estudiantes practican cómo sumar dos números y resolver combinaciones de dobles.

 43, 47

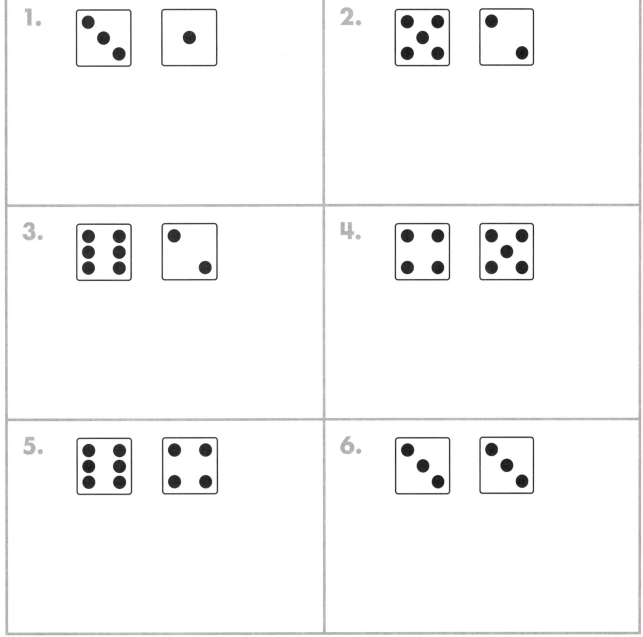

1.

2.

3.

4.

5.

6.

Cubrir Hoja de anotaciones

Elige un número total. Cuenta esa cantidad
de objetos. El jugador 1 esconde algunos de
esos objetos. El jugador 2 averigua cuántos
hay escondidos.

Número total	Número no cubierto	Número cubierto
_____	_____	_____
_____	_____	_____
_____	_____	_____
_____	_____	_____
_____	_____	_____
_____	_____	_____
_____	_____	_____
_____	_____	_____
_____	_____	_____

¿Cuántos puntos?
¿Cuántas tarjetas?

> **NOTA** Los estudiantes practican cómo resolver problemas donde una parte del problema es desconocida.
>
> **76–80**

Resuelve cada problema. Muestra tu trabajo. Escribe una ecuación.

1. En la primera mitad de un partido de básquetbol, los Wizards anotaron 15 puntos. Al final del partido tenían 26 puntos. ¿Cuántos puntos anotaron los Wizards en la segunda mitad?

2. Sally tenía 28 tarjetas de béisbol. Le dio algunas a su hermano. Ahora ella tiene 18 tarjetas de béisbol. ¿Cuántas tarjetas le dio Sally a su hermano?

Repaso continuo

3. ¿Qué cadena de números es **menos** de 20?

   (A) $8 + 6 + 4 + 4$

   (B) $9 + 3 + 7 + 5$

   (C) $8 + 4 + 2 + 5$

   (D) $6 + 5 + 9 + 1$

Contar un cuento

Escribe un problema-cuento para cada ecuación. Resuelve los problemas.

NOTA El escribir su propio problema-cuento para una expresión dada ayuda a los estudiantes a aprender a asociar los números y símbolos con las acciones que éstos representan.

MME 59, 61, 67, 69

1. $8 + 9 =$

2. $14 - 4 =$

Problemas-cuento (página 1 de 2)

Resuelve cada problema. Muestra tu trabajo.
Escribe una ecuación.

1. Kira tenía 30 monedas de 1¢ en su alcancía.
   Gastó 19 monedas de 1¢ en la tienda. ¿Cuántas
   monedas de 1¢ le quedan a Kira?

2. Sally y Jake estuvieron haciendo bolas de nieve.
   Cada uno hizo 18 bolas de nieve. ¿Cuántas
   bolas de nieve hicieron en total?

Pegatinas, cadenas de números y problemas-cuento

Problemas-cuento (página 2 de 2)

3. Jake tenía 12 canicas. Kira le dio algunas más. Ahora él tiene 23 canicas. ¿Cuántas canicas le dio Kira a Jake?

4. Nuestra clase tenía 22 libros sobre animales. Le prestamos 9 libros a otra clase. ¿Cuántos libros sobre animales tenemos ahora?

Más problemas-cuento (página 1 de 2)

Resuelve cada problema. Muestra tu trabajo.
Escribe una ecuación.

1. Nuestra clase hizo una excursión al zoo. En
   la excursión había 23 estudiantes y 9 adultos.
   ¿Cuántas personas fueron al zoo en la excursión?

2. Sally vio 27 patos en el lago. Algunos patos se
   fueron volando. Cuando ella los contó de nuevo,
   había 16 patos en el lago. ¿Cuántos patos se
   fueron volando?

Pegatinas, cadenas de números y problemas-cuento

Más problemas-cuento (página 2 de 2)

3. Sally tenía 35 monedas de 1¢. Algunas monedas se le cayeron del bolsillo. Cuando Sally llegó a la tienda tenía 22 monedas de 1¢. ¿Cuántas monedas se le cayeron del bolsillo?

4. En el parque había 13 niños jugando. Llegaron algunos más para jugar. Entonces había 36 niños jugando en el parque. ¿Cuántos niños más llegaron para jugar?

¿Cuántas manzanas?

Resuelve el problema. Muestra tu trabajo.
Escribe una ecuación.

> **NOTA** Los estudiantes resuelven
> un problema-cuento que requiere
> restar una cantidad de otra.
>
> MME **67, 68, 69**

1. Franco recogió 27 manzanas. Usó
   18 para hacer un pastel de manzanas.
   ¿Cuántas manzanas le quedan?

Repaso continuo

2. ¿Qué expresión de resta es **más** de 20?

   (A) 30 − 18

   (B) 30 − 14

   (C) 30 − 11

   (D) 30 − 8

Un problema sobre *Cubrir*

Resuelve el problema. Muestra tu trabajo.

Kira y Franco estaban jugando a *Cubrir* con botones. Tenían 24 botones. Franco escondió algunos. Cuando Kira abrió los ojos, contó 17 botones. ¿Cuántos botones escondió Franco?

Escribir un problema-cuento

Escribe un problema-cuento para cada expresión. Resuelve los problemas.

> **NOTA** El escribir su propio problema-cuento para una expresión dada ayuda a los estudiantes a aprender a asociar los números y símbolos con las acciones que éstos representan.
>
> **MME** 59, 60, 61, 67, 68, 69

1. $16 + 22 =$ _____

2. $20 - 17 =$ _____

Repaso continuo

3. ¿Qué ecuación **no** es igual a 10?

  (A) $10 - 10 =$ _____

  (B) $15 - 5 =$ _____

  (C) $19 - 9 =$ _____

  (D) $20 - 10 =$ _____

Parejas y equipos

Completa la tabla.

¿Cuántos no tendrían pareja?	¿Todos tendrían pareja? Si es así, ¿cuántos pares habría?	Número de estudiantes	¿Habría dos equipos iguales? Si es así, ¿cuántos habría en cada equipo?	¿Cuántos sobrarían?
		7		
		9		
		10		
		11		
		12		
		16		
		20		

Más parejas y equipos

Completa la tabla.

¿Cuántos no tendrían pareja?	¿Todos tendrían pareja? Si es así, ¿cuántos pares habría?	Número de estudiantes	¿Habría dos equipos iguales? Si es así, ¿cuántos habría en cada equipo?	¿Cuántos sobrarían?			

¿Cuántas flores?

Resuelve el problema. Muestra tu trabajo.
Escribe una ecuación.

NOTA Los estudiantes resuelven
un problema de suma en el que
falta una parte.

MME **61, 76–80**

Kira recogió 15 flores. Franco le dio
alguna más. Ahora Kira tiene 23 flores.
¿Cuántas flores le dio Franco a Kira?

Problemas sobre parejas y equipos

Resuelve cada problema. Muestra tu trabajo.

NOTA Los estudiantes piensan en números que pueden y no pueden formar grupos de dos o dos equipos iguales, mientras investigan los números pares e impares.

MME 41–42

1. 13 niños están en una clase de arte. Si trabajan en pareja, ¿todos tendrán pareja?

2. En el área de juego hay 14 niños. ¿Pueden formar dos equipos iguales para jugar a la pelota?

Preguntas sobre números pares e impares (página 1 de 2)

Elige una pregunta para investigar. Usa cubos, dibujos, números u otros instrumentos de matemáticas para mostrar tu razonamiento.

1. En nuestra tabla de "Parejas y equipos", a cada número le sobra sólo 0 ó 1. ¿Podría sobrar 3 ó 4 alguna vez? ¿Por qué piensas eso?

¿A **cualquier** número le sobraría sólo 0 ó 1? ¿Por qué piensas eso?

Preguntas sobre números pares e impares (página 2 de 2) *Escritura*

2. En nuestra tabla de "Parejas y equipos", cada número que forma 2 equipos iguales **también** forma parejas. ¿Por qué piensas que es así?

¿Eso sería cierto para **cualquier** número?
Explica tu razonamiento.

¿Cuántos bolsillos?

1. ¿Cuántos bolsillos están usando estos estudiantes hoy? Halla combinaciones de 10 como ayuda para sumar.

> **NOTA** Los estudiantes practican combinaciones de suma resolviendo un problema con varios sumandos.
>
> **43, 46, 54**

Estudiantes	Número de bolsillos
Howard	4
Hope	2
Mike	3
Tony	5
Tamara	0
Mark	1
Holly	4
Sarah	4
Timothy	7
Maria	5
Vipan	1
Titus	1
Scott	0
Hadiya	2
Harry	6
Rick	4
Michelle	4
Martha	7
Sean	2
Thomas	3

(Howard 4, Hope 2, Mike 3, Mark 1 → 10)

TOTAL

_____

Repaso continuo

2. ¿Qué combinación de números **no** forma 50?

(A) 25 + 25   (C) 41 + 10

(B) 35 + 15   (D) 42 + 8

30: ¿Par o impar?

Lee el problema. Explica tu razonamiento.

Sally cree que 30 es impar porque
3 es impar. ¿Estás de acuerdo con ella?
¿Por qué sí o por qué no?

NOTA Los estudiantes explican cómo saben si un número es par o impar. Pueden usar palabras, números y dibujos para explicar su razonamiento.

MME 41–42

Haz un dibujo o diagrama para ayudar
a Sally a comprender tu razonamiento.

Pegatinas, cadenas de números y problemas-cuento

¿Cuántas piernas?

Resuelve el problema. Muestra cómo lo averiguaste.

¿Cuántas piernas hay en tu clase? _____

¿Cuántas piernas de estudiantes?

NOTA Los estudiantes practican cómo contar en grupos de 2.

MME 37

1. Cuenta de 2 en 2. Anota tu conteo.

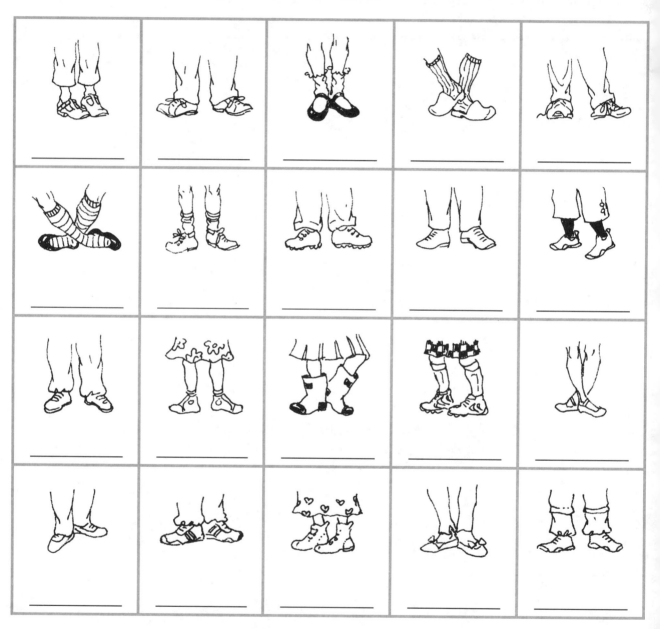

2. Las piernas de arriba pertenecen a los estudiantes del salón 110. ¿Cuántos estudiantes hay en el salón 110? ¿Cuántas piernas hay?

¿Cuántos dedos de la mano?

Resuelve el problema. Muestra cómo lo averiguaste.

¿Cuántos dedos de la mano hay en tu clase? _____

¿Cuántos dedos de los pies? ¿Cuántas personas?

NOTA Los estudiantes practican cómo contar en grupos de 10.

MME 39

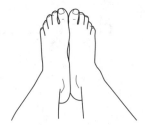

1. Si hay 10 dedos de los pies, ¿cuántas personas hay? _____

2. Si hay 50 dedos de los pies, ¿cuántas personas hay? _____

3. Si hay 100 dedos de los pies, ¿cuántas personas hay? _____

4. Si hay 150 dedos de los pies, ¿cuántas personas hay? _____

5. Si hay 200 dedos de los pies, ¿cuántas personas hay? _____

6. ¿Qué patrón ves?

Repaso continuo

7. ¿Qué sigue?

 ___, ___, ___,

Maneras de formar 20¢

NOTA Los estudiantes practican cómo hallar posibles combinaciones de monedas para igualar una cantidad dada.

MME 19, 20

1. Halla todas las maneras de formar 20¢.

Monedas de 1¢	Monedas de 5¢	Monedas de 10¢
20	0	0

PISTA: Si tienes un conjunto diferente de monedas en cada fila, entonces has hallado todas las maneras posibles.

2. ¿Cuál es el menor número de monedas que forma 20¢? _____

Repaso continuo

3. Tienes 14¢. Necesitas 20¢. ¿Cuánto **más** necesitas?

(A) 5¢   (B) 6¢   (C) 7¢   (D) 8¢

Bolsas de conteo

Elige una bolsa de conteo.
Anota la letra en la bolsa.
Cuenta los objetos de dos maneras diferentes.

Conté los objetos de

Bolsa _____

Éstas son las dos maneras diferentes en que conté:

Problemas sobre 2 y 5 (página 1 de 2)

Resuelve estos problemas. Muestra tu trabajo.

1. En el área de juego hay 9 niños. ¿Cuántas piernas hay en el área de juego?

2. En la parada de autobús hay 16 brazos. ¿Cuántas personas hay en la parada de autobús?

Problemas sobre 2 y 5 (página 2 de 2)

3. En la clase hay 7 personas. ¿Cuántos dedos de la mano hay en la clase?

4. En la piscina hay 80 dedos de los pies. ¿Cuántas personas hay en la piscina?

Práctica diaria

¿Son suficientes para la clase?

> **NOTA** Los estudiantes comparan dos cantidades y hallan la diferencia.

En la clase de la Srta. Tom hay 21 estudiantes. Cada estudiante necesita un borrador. La Srta. Tom tiene 15 borradores.

1. ¿Son suficientes para la clase?   SÍ   NO

2. ¿Sobra algún borrador?   SÍ   NO

    ¿Cuántos? _____

3. ¿La Srta. Tom necesita más borradores?   SÍ   NO

    ¿Cuántos? _____

4. ¿Cómo lo averiguaste? Usa este espacio para mostrar tu trabajo.

Repaso continuo

5. ¿Qué monedas forman 40¢?

    (A) 1 moneda de 5¢ y 2 monedas de 10¢

    (B) 2 monedas de 5¢ y 3 monedas de 10¢

    (C) 3 monedas de 5¢ y 2 monedas de 10¢

    (D) 4 monedas de 5¢ y 1 moneda de 10¢

Pegatinas, cadenas de números y problemas-cuento

Dedos de la mano y del pie en el hogar

NOTA Los estudiantes practican cómo contar por grupos de 5 y de 10.

MME **35–36, 38, 39**

1. Averigua cuántos dedos de la mano y del pie hay en tu hogar. Usa números y dibujos o palabras para mostrar tu razonamiento.

¿Puedes usar marcas de conteo también?

Opcional: (Muestra tu trabajo en otra hoja.)

2. ¿Cuántos dedos de la mano y del pie izquierdo hay en tu familia?

3. ¿Cuántos dedos de la mano izquierda hay en tu familia?

4. ¿Qué ocurre si incluyes 3 personas más en tu conteo? ¿Cuántos dedos de la mano y del pie habrá?

Intercambiar monedas

Intercambia para tener la menor cantidad
de monedas posible.

NOTA Los estudiantes practican
cómo contar dinero y hallar
equivalencias entre monedas.

 MME 19, 20

1. Tienes una moneda de 25¢ , 1 moneda de 5¢ y

12 monedas de 1¢ . ¿Qué intercambio podrías hacer?

2. Tienes una moneda de 25¢ , 3 monedas de 5¢

y 5 monedas de 1¢ . ¿Qué intercambio podrías hacer?

3. Tienes una moneda de 25¢ , 2 monedas de 10¢

y 1 moneda de 5¢ . ¿Qué intercambio podrías hacer?

Repaso continuo

4. ¿Cuántos niños
se encuestaron?

(A) 25

(B) 26

(C) 27

(D) 28

¿Qué deporte te gusta más?

A 10 de nosotros nos gusta
el básquetbol.

A 8 de nosotros nos gusta el fútbol.

A 7 de nosotros nos gusta
el fútbol americano.

Pegatinas, cadenas de números y problemas-cuento   Tarea

Aprender marcas de conteo

Muestra el número con marcas de conteo o cuenta las marcas de conteo para hallar el número.

> **NOTA** Los estudiantes usan marcas de conteo (una manera de mostrar grupos de 5) para representar diferentes cantidades.
>
> MME 38

Ejemplo 7	ⅡⅡ Ⅱ
8	
	ⅢⅢ ⅢⅢ Ⅲ
19	
	ⅢⅢ ⅢⅢ ⅢⅢ ⅢⅢ ⅢⅢ ⅢⅢ
32	
Elige un número _____	
Elige un número _____	

Agrupar de 2 en 2, de 5 en 5, de 10 en 10

Nuestro número es _____.

Número en una torre	Número de torres	Número que sobra	Número total de cubos
2			
5			
10			

Nuestro número es _____.

Número en una torre	Número de torres	Número que sobra	Número total de cubos
2			
5			
10			

Nuestro número es _____.

Número en una torre	Número de torres	Número que sobra	Número total de cubos
2			
5			
10			

¿Qué hora es?

Lee cada reloj. Anota qué hora
es. Anota qué hora será dentro
de 1 hora.

> **NOTA** Los estudiantes practican cómo decir la hora
> en punto y la media hora, y cómo determinar y
> representar qué hora será dentro de una hora.
>
> **139, 141**

¿Qué hora es ahora?		¿Qué hora será dentro de una hora?	
(reloj)	:	(reloj)	:
(reloj)	:	(reloj)	:
(reloj)	:	(reloj)	:
(reloj)	:	(reloj)	:
(reloj)	:	(reloj)	:

Pegatinas, cadenas de números y problemas-cuento

Agrupar de 10 en 10

Número total de cubos	Número de torres de 10	Número que sobra

¿Qué observas? Escribe sobre cualquier patrón que veas. Usa otra hoja.

Una moneda por bolsillo

> **NOTA** Los estudiantes practican combinaciones de suma resolviendo un problema con varios sumandos. También practican cómo contar dinero y hallar equivalencias entre monedas.
>
> MME 20, 43, 46, 54

1. La clase obtiene una moneda de 1¢ por bolsillo. ¿Cuántas monedas de 1¢ obtiene la clase?

Estudiantes	Número de bolsillos
Howard	4
Hope	2
Mike	3
Tony	2
Tamara	0
Mark	1
Holly	3
Sarah	5
Timothy	7
Maria	3
Vipan	1
Titus	4
Scott	0
Hadiya	2
Harry	6
Rick	7
Michelle	4
Martha	5
Sean	2
Thomas	6

Howard, Hope, Mike, Mark → 10

TOTAL

_____ ¢

2. ¿Cómo podría la clase intercambiar las monedas de 1¢ por menos monedas?

Problemas sobre 10 y 1 (página 1 de 2)

Resuelve cada problema. Muestra tu trabajo.

1. Sally tiene 3 torres de 10 cubos conectables y 7 cubos sueltos. ¿Cuántos cubos tiene Sally?

2. Jake tiene 43 cubos conectables. ¿Cuántas torres de 10 puede hacer? ¿Cuántos cubos le sobrarán?

Problemas sobre 10 y 1 (página 2 de 2)

3. Franco tiene 62 monedas de 1¢. Si intercambia
   las monedas de 1¢ por monedas de 10¢,
   ¿cuántas monedas de 10¢ tendrá? ¿Cuántas
   monedas de 1¢ le quedarán?

4. Las tarjetas de béisbol vienen en paquetes
   de 10. Kira tiene 3 paquetes y 8 tarjetas sueltas
   que su hermano le dio. ¿Cuántas tarjetas de
   béisbol tiene ella en total?

Más problemas sobre
10 y 1 (página 1 de 2)

Resuelve cada problema. Muestra tu trabajo.

1. Franco tiene 76 cartas. Las pone en filas de 10.
   ¿Cuántas filas enteras puede formar? ¿Cuántas
   cartas le sobrarán?

2. Kira tiene 25¢ en el bolsillo. Si Kira tiene
   monedas de 10¢ y monedas de 1¢, ¿cuántas
   monedas de cada tipo podría tener?

Pegatinas, cadenas de números y problemas-cuento

Más problemas sobre
10 y 1 (página 2 de 2)

3. Sally tiene 4 monedas de 10¢ y 7 monedas
de 1¢ en el bolsillo. ¿Cuánto dinero tiene?

4. Jake tiene 6 monedas de 10¢ y 3 monedas
de 1¢ en su alcancía. ¿Cuánto dinero tiene?

¿Cuánto dinero?

¿Cuánto dinero hay en cada caja?
Escribe una ecuación.

NOTA Los estudiantes practican cómo contar dinero.

 19, 20

1.

2.

3.

4.

Repaso continuo

5. Si tienes 77 monedas de 1¢, ¿cuál es el **mayor** número de monedas de 10¢ que puedes obtener en un intercambio?

(A) 6 monedas de 10¢   (C) 8 monedas de 10¢

(B) 7 monedas de 10¢   (D) 11 monedas de 10¢

¿Cuántas pegatinas? (página 1 de 2)

1.

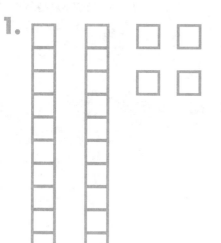

¿Cuántas pegatinas hay?

_____

2.

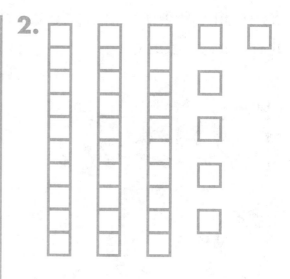

¿Cuántas pegatinas hay?

_____

3.

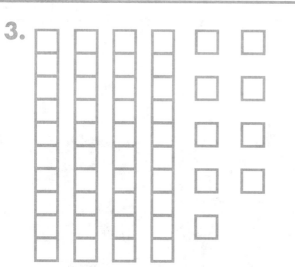

¿Cuántas pegatinas hay?

_____

4.

¿Cuántas pegatinas hay?

_____

Pegatinas, cadenas de números y problemas-cuento

¿Cuántas pegatinas? (página 2 de 2)

5. Muestra 21 pegatinas.

6. Muestra 17 pegatinas.

7. Muestra 33 pegatinas.

8. Muestra 46 pegatinas.

Monedas de 10¢ y de 1¢

> **NOTA** Los estudiantes practican cómo resolver problemas sobre decenas y unidades.
>
> MME 19, 20, 29

Resuelve cada problema.
Muestra tu trabajo.

1. Kira tiene 4 monedas de 10¢ y 6 monedas de 1¢ en el bolsillo. ¿Cuánto dinero tiene?

2. Jake tiene 54 monedas de 1¢ . Si intercambia las monedas de 1¢ por todas las monedas de 10¢ que pueda, ¿cuántas monedas de 10¢ tendrá? ¿Cuántas monedas de 1¢ tendrá?

Repaso continuo

3. ¿Qué expresión no forma 20?

    (A) 20 − 0   (C) 30 − 10

    (B) 20 − 20   (D) 40 − 20

Pegatinas, cadenas de números y problemas-cuento

46 pegatinas

1. Muestra todas las maneras en que puedas formar el número 46 con pegatinas, usando sólo tiras de 10, sólo pegatinas sueltas o ambas a la vez.

2. ¿Crees que tienes todas las combinaciones posibles? ¿Por qué crees eso?

El número que falta

1. Resuelve estos problemas y completa
la tabla de 100 de abajo con
los totales.

> **NOTA** Los estudiantes practican
> las combinaciones de suma de
> dobles y de "más 10", y establecer
> secuencias de números del 1 al 100.
>
> **MME** 24, 47

$7 + 7 =$ _____ $3 + 3 =$ _____ $10 + 2 =$ _____

$9 + 9 =$ _____ $8 + 8 =$ _____ $10 + 8 =$ _____

$4 + 4 =$ _____ $5 + 5 =$ _____ $6 + 10 =$ _____

2. Completa la tabla de 100 con todos los números que faltan.

1	2	3	4	5		7			
11			15		17		19		
21		23	24	25	26	27	28		30
	32	33	34	35	36	37		39	40
41	42	43	44	45			48	49	
	52	53			57	58			
61	62	63		65		67		69	70
		73	74			77	78	79	80
81	82	83	84		86	87	88	89	
	92	93	94		96	97	98	99	

Pegatinas, cadenas de números y problemas-cuento

¿Cuántas pegatinas?

NOTA Los estudiantes usan el valor de posición (decenas y unidades) para identificar y representar números.

 28, 29

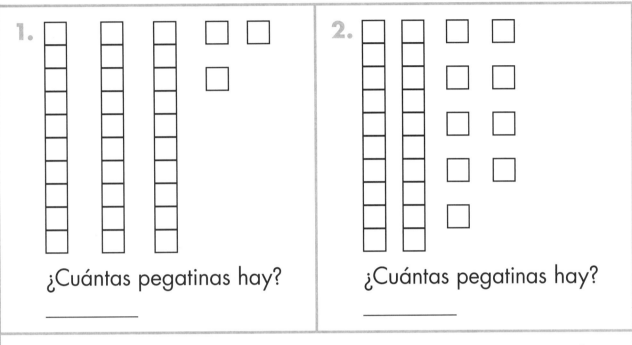

1. ¿Cuántas pegatinas hay?

_____

2. ¿Cuántas pegatinas hay?

_____

3. Muestra 78 pegatinas usando tiras de 10 y pegatinas sueltas.

4. Muestra todas las maneras posibles de formar 45 con pegatinas (tiras de 10 y sueltas). Usa la parte de atrás de esta hoja.

Comprar canicas

La juguetería de Tom vende bolsas de canicas
de cinco tamaños diferentes. Éste es el número
de canicas que hay en cada tamaño de bolsa.

NOTA Los estudiantes
hallan combinaciones que
forman un total dado.

MME 76–80

Pequeño	Mediano	Grande	Súper	Gigante
8	10	14	18	20

Resuelve cada problema. Muestra tu trabajo.
Escribe una ecuación.

1. Jack compró 2 bolsas de canicas. Compró 28 canicas en total.
   ¿Qué tamaños de bolsas pudo haber comprado Jack?

2. Mia compró 3 bolsas de canicas. Compró 38 canicas en total.
   ¿Qué tamaños de bolsas pudo haber comprado Mia?

3. Pam compró algunas bolsas de canicas. Compró 2 canicas más
   que Jack y 8 canicas menos que Mia. ¿Cuántas bolsas pudo
   haber comprado Pam? ¿De qué tamaño pudieron haber sido?

Complicated Kris Northern

"This image illustrates some of the best qualities of fractals—infinity, reiteration, and self similarity."– **Kris Northern**

Investigations
IN NUMBER, DATA, AND SPACE®
en español

Bolsillos, dientes y cosas favoritas

Investigación 1

Investigación 2

Bolsillos, dientes y cosas favoritas

Problemas con monedas

Averigua cuánto dinero hay en cada recuadro.

Escribe una ecuación para mostrar cómo contaste el dinero.

NOTA Los estudiantes practican cómo contar dinero.

 19, 20

1.

2.

3.

4.

Tarea

Preguntas sobre *Adivina mi regla*

> **NOTA** Los estudiantes usan los datos dados para averiguar información adicional.

1. Una clase de segundo grado estuvo jugando a *Adivina mi regla*. En la clase había 21 estudiantes. 8 de ellos llevaban ropa a rayas. ¿Cuántos estudiantes **no** llevaban ropa a rayas? Muestra tu trabajo. Escribe una ecuación.

2. Una clase de tercer grado estuvo jugando a *Adivina mi regla*. 6 estudiantes tenían anteojos. 18 estudiantes no tenían anteojos. ¿Cuántos estudiantes había en la clase? Muestra tu trabajo. Escribe una ecuación.

3. Una clase de segundo grado estuvo jugando a *Adivina mi regla*. 12 estudiantes llevaban zapatillas. 10 estudiantes no llevaban zapatillas. ¿Cuántos estudiantes **más** había que llevaban zapatillas? Muestra tu trabajo. Escribe una ecuación.

Práctica diaria

Adivina mi regla con letras

Observa con atención las letras que siguen la regla y las letras que **no** siguen la regla. Luego contesta las preguntas.

> **NOTA** Los estudiantes determinan "la regla" o atributo que tienen en común las letras que siguen la regla, y luego identifican más letras que tienen y no tienen este atributo.

Sigue la regla	No sigue la regla
A, E, F, H, I, K, L, M, N	B, C, D, G, J, O, P

1. La regla es _____

2. Escribe 3 letras más que sigan la regla. _____

3. Escribe 3 letras más que NO sigan la regla. _____

Repaso continuo

4. Los cubos muestran cuántos estudiantes fueron hoy a la escuela en autobús. ¿Cuántos estudiantes fueron en autobús?

14	15	16	17
Ⓐ	Ⓑ	Ⓒ	Ⓓ

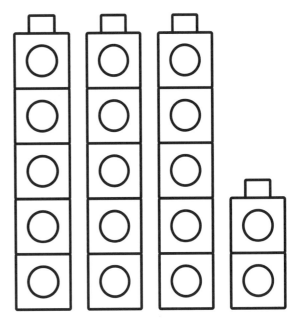

Problemas-cuento

Resuelve cada problema. Muestra
tu trabajo. Escribe una ecuación.

NOTA Los estudiantes resuelven
dos problemas-cuento sobre
combinar dos cantidades.

MME **59, 60, 61**

1. Franco tenía 27 monedas de 1¢.
   Mientras limpiaba su ropero encontró
   13 monedas de 1¢ más. ¿Cuántas
   monedas de 1¢ tiene?

2. Kira tenía 21 sombreros de
   cumpleaños. Compró 17 más para
   su fiesta. ¿Cuántos sombreros de
   cumpleaños tiene Kira ahora?

Problemas sobre el quiosco de pegatinas

NOTA Los estudiantes usan lo que saben sobre grupos de 10 y de 1 para resolver problemas-cuento.

MME 27, 28

Resuelve cada problema. Muestra tu trabajo. Escribe una ecuación.

1. Franco fue al quiosco de pegatinas. Compró 2 tiras de 10 y 6 pegatinas sueltas de ranas. También compró 5 tiras de 10 y 7 pegatinas sueltas de mariposas. ¿Cuántas pegatinas compró Franco?

2. Sally también fue a un quiosco de pegatinas. Compró 3 tiras de 10 y 5 pegatinas sueltas de patinetas. También compró 4 tiras de 10 y 8 pegatinas sueltas de muñecos de nieve. ¿Cuántas pegatinas compró Sally?

Adivina mi regla

Juega varios partidos de *Adivina mi regla* con un familiar o un amigo.

NOTA Los estudiantes han estado jugando a "Adivina mi regla" con la clase. De tarea, los estudiantes juegan a "Adivina mi regla" con un familiar o un amigo. Se puede jugar con una regla, usando un círculo, o con dos reglas, usando un diagrama de Venn.

1. Reúne 20 objetos pequeños en el hogar, por ejemplo: un lápiz, unas tijeras, un clip, una piedra, una nota adhesiva, una moneda de 1¢ y otros objetos.

2. Elige una regla que cumpla algunos de los objetos.

3. Pon dos objetos que sigan tu regla en el círculo. Pon dos objetos que no sigan tu regla fuera del círculo.

4. Tu compañero(a) no adivina la regla todavía; elige un objeto y lo pone donde cree que pertenece.

5. Di si tu compañero(a) tiene razón. Si no es así, debes poner los objetos en el lugar correcto.

6. Repite los pasos 4 y 5 hasta que todos los objetos estén en el círculo o fuera del círculo.

7. Luego, tu compañero(a) adivina tu regla.

8. Ahora le toca a tu compañero(a) elegir una regla y jugar de nuevo.

¿Qué reglas usaron para jugar?

1. _____

2. _____

3. _____

4. _____

Clasificar datos

¿Puedes ayudar a la clase del Sr. Murphy a clasificar los animales que vieron en el zoo en los que vuelan y los que **no** vuelvan?

NOTA Los estudiantes clasifican y organizan un conjunto de datos según un atributo dado.

murciélago conejo pájaro carpintero pingüino rana

cordero búho tortuga mariposa pato

libélula cerdo cucaracha caballo grillot

Animales que vuelan	Animales que NO vuelan

Analizar datos sobre cosas favoritas 🖍 *Escritura*

Escribe dos cosas que hayas aprendido de tu encuesta sobre cosas favoritas:

1. _____

   _____

   _____

2. _____

   _____

   _____

Escribe una ecuación que muestre los resultados de tu encuesta.

_____

¿Cuántas personas respondieron a tu encuesta? _____

¿Cómo lo sabes? _____

_____

_____

_____

Jugar a *Duplícalo*

Imagina que estás jugando a *Duplícalo*.
Duplica cada tarjeta y halla el total.
Escribe una ecuación.

NOTA Los estudiantes practican las combinaciones dobles.

 47

Bolsillos, dientes y cosas favoritas

Círculo para *Adivina mi regla*

Diagrama de Venn para *Adivina mi regla*

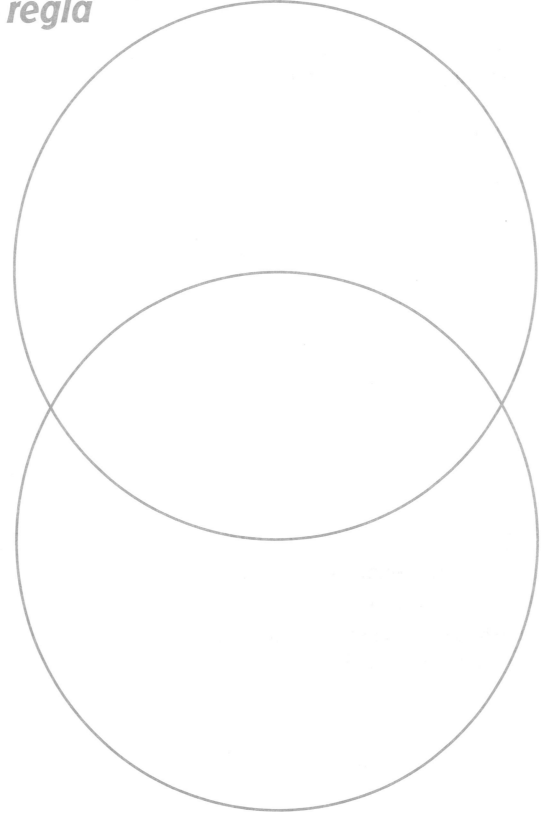

Y más problemas con pegatinas

NOTA Los estudiantes usan la suma o la resta para resolver 2 problemas-cuento.

MME **79–80**

¡El quiosco de pegatinas acaba de recibir una entrega gigante! Kira y Jake no ven la hora de seguir completando su álbum de pegatinas.

1. Kira tiene 53 pegatinas con soles.
   ¿Cuántas más necesita para tener 100 pegatinas en la página de soles de su álbum?

2. Jake quiere llenar su página de cachorros. Ahora tiene 72 pegatinas con cachorros.
   ¿Cuántas pegatinas más necesita para tener 100 pegatinas en la página de cachorros de su álbum?

Adivina mi regla con dos reglas

Adivina cada regla y escríbela.

Regla A   Regla B

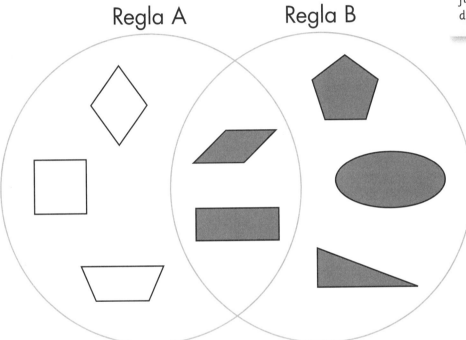

1. Adivina la regla A: _____

2. Adivina la regla B: _____

3. Dibuja 1 figura que siga **ambas** reglas.

4. Dibuja 1 figura que **no** siga la regla A ni la regla B.

Datos sobre bolsillos de nuestra clase

Observa las torres de bolsillos que has organizado y úsalas para contestar las preguntas.

1. ¿Cuántas personas tenían puestos 4 bolsillos? _____

2. ¿Cuál es el mayor número de bolsillos que los estudiantes tenían puestos hoy en su ropa? _____ ¿Cuántas personas tenían puestos este número de bolsillos? _____

3. ¿Cuál es el menor número de bolsillos que los estudiantes tenían puestos hoy en su ropa? _____ ¿Cuántas personas tenían puestos este número de bolsillos? _____

4. Encierra en un círculo lo que sea más:

Número de personas que tienen puestos 6 bolsillos	**o**	Número de personas que tienen puestos 7 bolsillos

5. ¿Cuántos bolsillos tenías puestos en la ropa? _____

6. ¿Cuántas personas de la clase tenían puestos más bolsillos que tú? _____

7. ¿Cuántas personas de la clase tenían puestos menos bolsillos que tú? _____

8. ¿Cuántas personas de la clase tenían puestos el mismo número de bolsillos que tú? _____

Bolsillos, dientes y cosas favoritas

Práctica diaria

Jugar a *Cerca de 20*

(página 1 de 2)

Sally, Jake y Franco están jugando a *Cerca de 20*. Ésta es la hoja de puntaje de Sally.

> **NOTA** Los estudiantes resuelven cadenas de números y determinan a qué distancia están esas sumas de 20.
>
> MME **54, J2**

Tablero de Sally:

		Total de la vuelta	Puntaje de la vuelta
Vuelta 1	7 + 6 + 8	21	1
Vuelta 2	7 + 7 + 3	17	3
Vuelta 3	9 + 0 + 10	19	1
Vuelta 4	10 + 1 + 1	12	8
Vuelta 5	10 + 2 + 8	20	0

Puntaje total de Sally: 1 + 3 + 1 + 8 + 0 = _____13_____

Ahora completa las hojas de puntaje de Jake y de Franco.

Recuerda que el puntaje de una vuelta es la distancia que ese total está de 20. Escribe una ecuación para mostrar los puntajes totales.

Jugar a *Cerca de 20* (página 2 de 2)

Tablero de Jack:

		Total de la vuelta	Puntaje de la vuelta
Vuelta 1	10 + 2 + 5		
Vuelta 2	9 + 9 + 4		
Vuelta 3	6 + 8 + 1		
Vuelta 4	7 + 10 + 2		
Vuelta 5	8 + 2 + 9		

Puntaje total de Jack: _____

Tablero de Franco:

		Total de la vuelta	Puntaje de la vuelta
Vuelta 1	7 + 5 + 3		
Vuelta 2	9 + 7 + 2		
Vuelta 3	10 + 3 + 9		
Vuelta 4	3 + 8 + 7		
Vuelta 5	5 + 10 + 4		

Puntaje total de Franco: _____

¿Cuántos bolsillos hay en total?

1. Haz una lista con el número de bolsillos que tiene cada persona de la clase.

2. **a.** Averigua el número total de bolsillos que hay hoy en la clase. Muestra tu trabajo. Escribe una ecuación.

b. Número total de bolsillos en la clase _____

Bolsillos, dientes y cosas favoritas   Práctica diaria

¿Qué hora es?

Lee cada reloj y anota la hora.

> **NOTA** Los estudiantes practican cómo decir la hora en punto y la media hora.
>
> MME 137, 139

 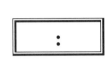

 6:30

 7:00

 :

 8:00

 :

 :

 4:30

Nuestro plan para reunir datos

Comenta estas preguntas con tu compañero(a).
Anota las respuestas.

1. ¿En qué clase reunirán los datos?

_____

2. ¿Qué le dirán a la clase para presentar la encuesta?

_____

_____

_____

3. ¿Qué preguntarán?

_____

_____

4. ¿Cómo llevarán la cuenta de las respuestas
de la gente?

_____

_____

5. ¿Cómo se asegurarán de hacerles la pregunta a todos?

_____

_____

¿Cuántas hay?

Resuelve cada problema. Muestra tu trabajo.
Escribe una ecuación.

> **NOTA** Los estudiantes resuelven problemas-cuento sobre restar una cantidad de otra.
>
> MME 67, 68, 69

1. Sally compró 31 estampillas.
Usó 17 estampillas para
enviarles cartas a sus
amigos. ¿Cuántas estampillas
le quedan?

2. Franco tenía 28 tarjetas de béisbol.
Le dio 15 a Kira. ¿Cuántas tarjetas
de béisbol le quedan?

Tarjeta de béisbol

¿Cuántos dientes?

Encuesta a 2 ó 3 de tus hermanos, primos o amigos que estén en la escuela primaria para averiguar cuántos dientes han perdido. Usaremos esta información durante la hora de matemáticas.

> **NOTA** En la clase, los estudiantes han estado reuniendo datos sobre el número total de dientes que han perdido. De tarea, los estudiantes seguirán con este tipo de reunión de datos, preguntándoles a 2 ó 3 niños que estén en la escuela primaria cuántos dientes han perdido.
>
> **MME** 104, 105

Nombre	Grado	Número de dientes que perdieron

Observar un diagrama de puntos

NOTA Los estudiantes usan un diagrama de puntos para contestar preguntas sobre un conjunto de datos y analizarlos.

MME 110, 111

Los estudiantes del Sr. Fox pueden sacar hasta 3 libros de la biblioteca. Este diagrama de puntos muestra cuántos libros sacaron.

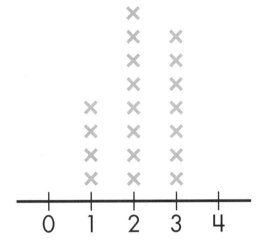

1. ¿Cuántos estudiantes sacaron 1 libro? _____

2. ¿Cuántos estudiantes sacaron 3 libros? _____

3. La mayoría de los estudiantes sacó _____ libros.

4. ¿Hubo más estudiantes que sacaron 1 libro o más que sacaron 3? _____

5. ¿Cuántos estudiantes hay en la clase del Sr. Fox? _____

   ¿Cómo lo sabes? _____

   _____

¿Qué averiguaste?

Observa las representaciones de los datos sobre dientes que reuniste en la otra clase.

¿Qué observas sobre el número de dientes que perdió la clase?

Escribe dos cosas que observes.

1. _____

_____

_____

_____

_____

2. _____

_____

_____

_____

_____

Explicar los resultados de otra persona

1. ¿Con quién compartiste los resultados?

   Nombres: _____ _____

   ¿En qué clase reunieron los datos? _____

2. ¿Cuál fue el número más común de dientes perdidos? _____

3. ¿Cuáles fueron el menor y el mayor número de dientes perdidos en esta clase?

   Menor número _____ Mayor número _____

4. ¿Cuántos estudiantes perdieron menos de 4 dientes? _____

5. ¿Cuántos estudiantes perdieron exactamente 4 dientes? _____

6. ¿Cuántos estudiantes perdieron más de 4 dientes? _____

7. ¿Cuántos estudiantes había en la clase? _____

8. ¿Qué encontraste de sorprendente o raro en estos datos de la clase?

   _____

   _____

   _____

   _____

De nuevo, ¿cuántos más?

Resuelve cada problema. Muestra tu trabajo.
Escribe una ecuación.

NOTA Los estudiantes practican cómo contar por grupos.

MME **35–36, 37**

1. Sally contó 36 pies en su clase.

¿Cuántas personas había en la sala de Sally?

2. En la cancha de fútbol había 24 niños.

¿Cuántos pies había?

Comparar datos sobre dientes

Observa las representaciones de los datos sobre
dientes que reuniste en la otra clase.
Observa las representaciones de los datos de tu
propia clase.

1. ¿En qué se parecen el número de dientes
   perdidos de tu clase y el número de dientes
   perdidos de la otra clase?

2. ¿En qué se diferencian el número de dientes
   perdidos de tu clase y el número de dientes
   perdidos de la otra clase?

Más problemas con monedas

NOTA Los estudiantes practican cómo trabajar con grupos de 5 y de 10 con respecto a monedas de 5¢ y de 10¢.

 19, 20, 38, 39

Resuelve cada problema.
Muestra tu trabajo.

1. ¿Cuántas monedas de 10¢ hay en 75¢?

2. ¿Cuántas monedas de 5¢ hay en 75¢?

3. Sally tiene 8 monedas de 5¢ y 7 monedas de 10¢. ¿Cuánto dinero tiene?

¡Adivina mis dos reglas!

¿En qué se parecen los niños de cada dibujo?

> **NOTA** Los estudiantes adivinan y anotan "las reglas", o atributos en común, de dos grupos diferentes. Identifican dibujos que tienen ambos atributos.

¿Puedes hallar las dos reglas misteriosas?

1.

Sigue la regla 1	Sigue la regla 2

La regla 1 es _____

La regla 2 es _____

2. Encierra en un círculo a los niños que sigan **ambas** reglas.

Datos misteriosos sobre dientes: ¿En qué clase?

Los datos de la tabla muestran cuántos dientes perdió cada estudiante.

Clase A		Clase B		Clase C		Clase D	
Alyssa	14	Angel	7	Alfonso	2	Aaron	10
Brian	11	Ayaz	6	Alexandra	2	Allana	11
Danny	8	Bjorn	1	Andrew	1	Ben	5
Daniel	6	Camilla	7	Anthony	0	Botan	8
Evan	8	Chen	3	Brandon	1	Carla	9
Ellie	8	Crystal	13	Britney	1	Chi Wan	12
Erica	9	Ebony	8	Carle	4	Dyala	14
Gordon	8	Franco	6	Clarence	0	Jesse	9
Howard	11	Graham	8	Daniel	1	Julie	14
Karen	13	Harris	9	Eric	0	Kevin	9
Jan	13	Helena	8	Esther	0	Kira	10
Jacob	12	Imani	8	Gordon	3	Laura	7
Lily	7	Jeffrey	9	Grace	0	Liana	8
Maeve	6	Jess	3	Isaac	2	Lois	11
Mary	7	Karina	9	Jackie	0	Lori	12
Maude	8	Laura	12	Jeremiah	3	Morgan	13
Nadeem	5	Lila	8	Jonathan	0	Nat	8
Nadir	7	Linda	8	Katherine	3	Ramon	14
Noah	8	Lionel	5	Latoya	1	Roshma	13
Rachel	8	Naomi	8	Megan	0		
Ricardo	8	Paul	8	Myles	1		
Sarah	8	Samir	9	Ned	3		
Sammy	7	Simon	6	Paul	0		
Tracey	9	Tim	8	Percy	0		
Yanni	8	Tory	8	Yoshi	0		

Datos misteriosos sobre dientes: ¿En qué clase? Hoja de anotaciones ✏️

1. ¿Cómo decidiste qué conjunto de datos misteriosos correspondía con tu representación?

2. ¿Qué clase crees que representa el conjunto de datos misteriosos y por qué?

Representar datos

La pregunta de esta encuesta era "¿Cuántos muñecos de animales rellenos tienes?"

NOTA Los estudiantes organizan y representan los resultados de una encuesta.

MME 109, 110

Akira	5	Richard	5
Nathan	12	Trevor	4
Kiyo	7	Miranda	11
Leslie	10	Morgan	7
Emily	11	Kyle	7
Mason	6	Becky	9

1. Elige una manera de mostrar estos datos.

Repaso continuo

2. Quieres 15 fichas. ¿Cuántas más necesitas?

6   7   8   15
Ⓐ   Ⓑ   Ⓒ   Ⓓ

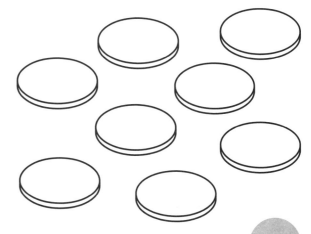

Organizar datos

El animal favorito de Jen es el perro. Le encantan los perros grandes y los perros pequeños. Le gustan los perros con pelo largo o con pelo corto. Le fascinan los perros café, negros o blancos.

NOTA Los estudiantes resuelven problemas de la vida diaria que requieren los temas de matemáticas de esta unidad.

Un día en el parque, Jen contó 8 perros. Éstos son los perros que vio.

¿Cómo puede clasificar estos perros Jen?
Piensa en dos reglas. Escribe las reglas abajo.

Primera manera	Segunda manera

Complicated Kris Northern

"This image illustrates some of the best qualities of fractals—infinity, reiteration, and self similarity."– **Kris Northern**

Investigations
IN NUMBER, DATA, AND SPACE®
en español

¿Cuántos pisos?
¿Cuántos cuartos?

Investigación 1

Un edificio de cubos

1. ¿Cuántos cuartos tiene cada piso? _____

2. Si el edificio tiene 5 pisos,
   ¿cuántos cuartos hay en todo el edificio? _____

3. Si el edificio tiene 10 pisos,
   ¿cuántos cuartos hay en todo el edificio? _____

4. Muestra cómo averiguaste cuántos
   cuartos hay en 10 pisos.

Cerca de 20

Sally y Jake están jugando a *Cerca de 20*. Completa el tablero de Jake. El puntaje de una vuelta es la distancia que ese total está de 20. Escribe una ecuación para mostrar el puntaje total de Jake.

> **NOTA** Los estudiantes resuelven problemas de suma y determinan la diferencia entre cada suma y 20.
>
> MME 54, J2

Tablero de Sally

		Total	Puntaje
Vuelta 1	4 + 6 + 8	18	2
Vuelta 2	7 + 7 + 3	17	3
Vuelta 3	9 + 0 + 10	19	1
Vuelta 4	10 + 1 + 1	12	8
Vuelta 5	10 + 2 + 8	20	0

Puntaje total de Sally: 2 + 3 + 1 + 8 + 0 = ____14____

Tablero de Jake

		Total	Puntaje
Vuelta 1	5 + 5 + 6		
Vuelta 2	9 + 7 + 3		
Vuelta 3	8 + 8 + 4		
Vuelta 4	7 + 9 + 1		
Vuelta 5	10 + 5 + 2		

Puntaje total de Jake: _____

Edificios de cubos 1

Haz un piso de un edificio de cubos que entre en la silueta. Luego construye más pisos. Completa la tabla para mostrar el número de cuartos de 1, 2, 3, 4, 5 y 10 pisos.

Edificio A

Número total de pisos	Número total de cuartos
1	
2	
3	
4	
5	
10	

Edificio B

Número total de pisos	Número total de cuartos
1	
2	
3	
4	
5	
10	

¿Cuántos pisos? ¿Cuántos cuartos?

Edificios de cubos 2

Haz un piso de un edificio de cubos que entre en la silueta. Luego construye más pisos. Completa la tabla para mostrar el número de cuartos de 1, 2, 3, 4, 5 y 10 pisos.

Edificio C	
Número total de pisos	Número total de cuartos
1	
2	
3	
4	
5	

10	

Edificio D	
Número total de pisos	Número total de cuartos
1	
2	
3	
4	
5	

10	

El número de hoy: 18

Encierra en un círculo todos los problemas que sean iguales al número de hoy.

> **NOTA** Los estudiantes determinan qué expresiones son iguales al número de hoy.
>
> **MME** 55, 56

El número de hoy es 18.

$6 + 6 + 3 + 2 + 1$	$28 - 10$
$10 + 8$	$33 - 15$
$5 + 8 + 1$	$4 + 5 + 3 + 6$
$9 + 2 + 6$	$9 + 9$
$25 - 9$	$7 + 8 + 2 + 2 + 1$

¿Cuántos pisos? ¿Cuántos cuartos?

Edificios de cubos 3

Haz un piso de un edificio de cubos que entre en la silueta. Luego construye más pisos. Completa la tabla para mostrar el número de cuartos de 1, 2, 3, 4, 5 y 10 pisos.

Edificio E

Número total de pisos	Número total de cuartos
1	
2	
3	
4	
5	
10	

Edificio F

Número total de pisos	Número total de cuartos
1	
2	
3	
4	
5	
10	

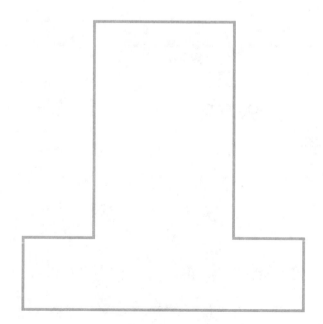

Edificios de cubos 4

Haz un piso de un edificio de cubos que entre en
la silueta. Luego construye más pisos. Completa
la tabla para mostrar el número de cuartos de 1, 2,
3, 4, 5 y 10 pisos.

Edificio G

Número total de pisos	Número total de cuartos
1	
2	
3	
4	
5	

10	

Edificio H

Número total de pisos	Número total de cuartos
1	
2	
3	
4	
5	

10	

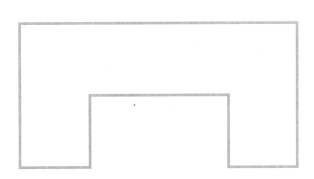

¿Cuántos pisos? ¿Cuántos cuartos?

5 cuartos en un piso

Haz algunos planos de piso para edificios
con 5 cuartos en cada piso.

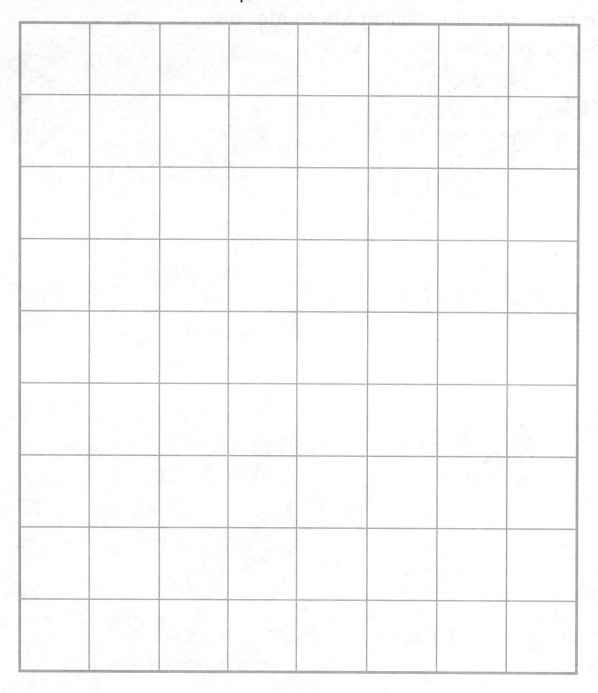

Contar por grupos

Resuelve cada problema. Muestra tu
trabajo. Escribe una ecuación.

NOTA Los estudiantes practican
cómo contar por grupos.

 35–40

1. En la clase de la Srta. Lake hay 23 estudiantes.
   ¿Cuál es el número total de dedos de la mano
   de toda la clase?

2. En el estacionamiento hay 6 carros. ¿Cuál es
   el número total de ruedas en el estacionamiento?

3. En la clase hay un total de 30 zapatillas.
   ¿Cuántas personas hay en la clase?

Repaso continuo

4. ¿Qué botón pertenece a este grupo?

(A)

(B)

(C)

(D)

Problemas sobre parejas y equipos

NOTA Estos problemas tratan de números pares e impares. Los estudiantes tienen que hallar sus propias maneras de resolver el problema y anotar su trabajo.

MME 41–42

1. a. 17 estudiantes van a almorzar. ¿Todos tendrán un(a) compañero(a) para ir caminando en pareja? Resuelve el problema. Muestra tu trabajo.

b. ¿El número 17 es par o impar? _____ ¿Cómo lo sabes?

2. a. Hay 16 estudiantes que quieren jugar al fútbol. ¿Pueden formar dos equipos iguales? Resuelve el problema. Muestra tu trabajo.

b. ¿El número 16 es par o impar? _____ ¿Cómo lo sabes?

Plano de piso 1 (página 1 de 2)

Usa cubos conectables para construir el edificio I
y completar la información que falta en la tabla.
Dibuja el plano de piso en el espacio dado.

Edificio I	
Número total de pisos	Número total de cuartos
1	5
2	
3	15
	20
5	
6	

10	

Mi plano de piso

¿Cuántos pisos? ¿Cuántos cuartos?

Plano de piso 1 (página 2 de 2)

¿Cómo averiguaste el número de cuartos
para los 5 pisos? Muestra tu trabajo.

Plano de piso 2 (página 1 de 2)

Usa cubos conectables para construir el edificio J
y completar la información que falta en la tabla.
Dibuja el plano de piso en el espacio dado.

Edificio J

Número total de pisos	Número total de cuartos
2	
3	30
	40
6	60

10	

Mi plano de piso

Plano de piso 2 (página 2 de 2)

¿Cómo averiguaste el número de pisos para
40 cuartos? Muestra tu trabajo.

Plano de piso 3 (página 1 de 2)

Usa cubos conectables para construir el edificio K
y completar la información que falta en la tabla.
Dibuja el plano de piso en el espacio dado.

Edificio K	
Número total de pisos	Número total de cuartos
1	
	2
3	3
	4
5	
	6

10	

Mi plano de piso

Plano de piso 3 (página 2 de 2)

¿Cómo averiguaste el número de cuartos
para 5 pisos? Muestra tu trabajo.

Plano de piso 4 (página 1 de 2)

Usa cubos conectables para construir el edificio L
y completar la información que falta en la tabla.
Dibuja el plano de piso en el espacio dado.

Edificio L	
Número total de pisos	Número total de cuartos
	3
2	
	9
4	12
6	

10	

Mi plano de piso

Plano de piso 4 (página 2 de 2)

¿Cómo averiguaste el número de cuartos
para 6 pisos? Muestra tu trabajo.

Plano de piso 5 (página 1 de 2)

Usa cubos conectables para construir el edificio M
y completar la información que falta en la tabla.
Dibuja el plano de piso en el espacio dado.

Edificio M	
Número total de pisos	Número total de cuartos
2	4
4	
	12
8	16

10	

Mi plano de piso

Plano de piso 5 (página 2 de 2)

¿Cuántos cuartos hay en 1 piso de este edificio?
¿Cómo lo sabes?

Plano de piso 6 (página 1 de 2)

Usa cubos conectables para construir el edificio N
y completar la información que falta en la tabla.
Dibuja el plano de piso en el espacio dado.

Edificio N	
Número total de pisos	Número total de cuartos
2	
	4
6	
	8

10	10

Mi plano de piso

Plano de piso 6 (página 2 de 2)

¿Cuántos cuartos hay en cada piso de este edificio?
Muestra tu trabajo.

Decir la hora en punto y la media hora

Lee cada reloj y escribe la hora.

NOTA Los estudiantes practican cómo decir la hora en punto y la media hora.

MME **137, 139**

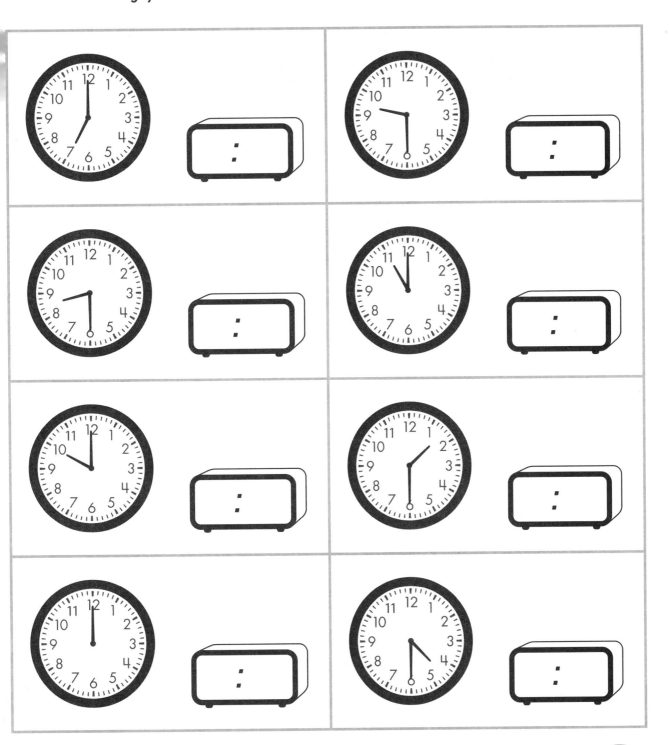

Cubrir hexágonos

¿Cuántas figuras de la segunda columna de cada tabla necesitas para cubrir los hexágonos? Usa los bloques de patrón como ayuda para hallar las respuestas.

1.

Número de hexágonos ⬡	Número de rombos ▱
1	
2	
3	
4	
5	

2.

Número de hexágonos ⬡	Número de triángulos △
1	
2	
3	
4	
5	

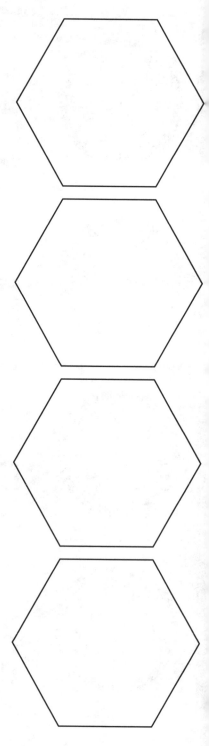

Figura misteriosa 1

¿Cuántas figuras misteriosas necesitas para cubrir
los rombos? Usa los bloques de patrón como ayuda
para completar el resto de la tabla.

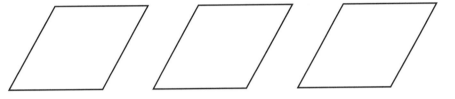

Número de rombos	Número de figuras misteriosas
1	2
2	4
3	
	8
5	10
6	

¿Cuál es la figura misteriosa? _____

Figura misteriosa 2

¿Cuántas figuras misteriosas necesitas para cubrir los trapecios? Usa los bloques de patrón como ayuda para completar el resto de la tabla.

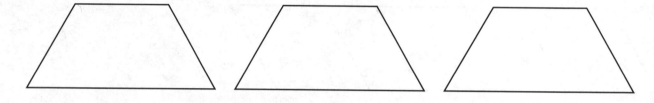

Número de trapecios	Número de figuras misteriosas
1	3
2	
3	
	12
5	15
6	

¿Cuál es la figura misteriosa? _____

Figura misteriosa 3

¿Cuántas figuras misteriosas necesitas para cubrir
los hexágonos? Usa los bloques de patrón como
ayuda para completar el resto de la tabla.

Número de hexágonos ⬡	Número de figuras misteriosas
1	
2	4
3	
4	8
5	
6	12

¿Cuál es la figura misteriosa? _____

Figura misteriosa 4

¿Cuántas figuras misteriosas necesitas para cubrir los hexágonos? Usa los bloques de patrón como ayuda para completar el resto de la tabla.

Número de hexágonos ⬡	Número de figuras misteriosas
1	
2	6
3	9
5	
6	18

¿Cuál es la figura misteriosa? _____

Figura misteriosa 5

¿Cuántos triángulos necesitas para cubrir la figura misteriosa? Usa los bloques de patrón como ayuda para completar el resto de la tabla.

Número de figuras misteriosas	Número de triángulos △
1	
2	12
3	18
4	
5	
6	

¿Cuál es la figura misteriosa? _____

Figura misteriosa 6

¿Cuántos triángulos necesitas para cubrir la figura misteriosa? Usa los bloques de patrón como ayuda para completar el resto de la tabla.

Número de figuras misteriosas	Número de triángulos △
1	
2	
3	9
4	
5	15
6	

¿Cuál es la figura misteriosa? _____

Figura misteriosa 7

Halla dos figuras de bloque de patrón que puedan
ser la figura misteriosa A y la figura misteriosa B.
Completa la tabla.

Número de figuras misteriosas A	Número de figuras misteriosas B
1	2
2	
3	6
4	
5	10
6	

¿Cuál es la figura misteriosa A? _____

¿Cuál es la figura misteriosa B? _____

¿Puede haber otras respuestas?

Imagina que la tabla se refiere a un edificio
de cubos. En un papel cuadriculado dibuja
un plano de piso para ese edificio.

Figura misteriosa 8 ✏️

Halla dos figuras de bloque de patrón que puedan
ser la figura misteriosa A y la figura misteriosa B.
Completa la tabla.

Número de figuras misteriosas A	Número de figuras misteriosas B
	3
3	9
	12
5	15
6	

¿Cuál es la figura misteriosa A? _____

¿Cuál es la figura misteriosa B? _____

¿Puede haber otras respuestas?

Imagina que la tabla se refiere a un edificio
de cubos. En un papel cuadriculado dibuja
un plano de piso para ese edificio.

Combinaciones de suma

> **NOTA** Los estudiantes practican cómo resolver combinaciones de suma y establecer secuencias de números del 1 al 100.
>
> **MME** 24, 25, 54

1. Resuelve estos problemas. Completa la tabla de 100 de abajo con los totales.

$5 + 4 + 3 + 1 + 2 =$ _____ $2 + 2 + 10 + 10 =$ _____

$2 + 8 + 7 + 7 + 3 =$ _____ $7 + 3 + 7 + 2 =$ _____

$6 + 6 + 8 + 2 + 4 =$ _____ $5 + 10 + 3 + 10 =$ _____

2. Completa la tabla de 100 con los números que faltan.

	2	3	4	5	6	7	8	9	
11			14		16	17	18		20
21	22	23		25					
		33		35		37		39	
41	42		44	45	46		48	49	
	52	53				57	58	59	
61	62	63		65		67	68	69	70
		73			76			79	80
	82	83	84	85	86	87	88	89	
	92	93			96	97	98		100

Pares de calcetines

NOTA Los estudiantes identifican la relación entre dos cantidades para completar la tabla.

MME **96, 97–98**

1. Jake tiene 10 pares de calcetines nuevos. Completa la tabla para hallar el número total de calcetines que tiene.

Pares de calcetines	
Número de pares	Número total de calcetines
1	2
2	
3	
4	
5	

10	

Repaso continuo

2. 10 + _____ = 11

21   10   2   1

Ⓐ   Ⓑ   Ⓒ   Ⓓ

¿Cuántas flores?

Resuelve el problema. Muestra tu trabajo.
Escribe una ecuación.

NOTA Los estudiantes resuelven problemas-cuento en los que hay una parte que no se conoce. Los estudiantes tienen que hallar su propia manera de resolver cada problema y anotar su trabajo.

MME 76, 77

1. Kira tenía 28 flores. Sally le dio algunas
   más. Ahora Kira tiene 43 flores.
   ¿Cuántas flores le dio Sally a Kira?

2. Sally le dio 27 flores a Franco. Franco recogió
   algunas flores más. Al final del día, Franco tenía
   49 flores. ¿Cuántas flores recogió Franco?

3. En un florero había 22 flores. Jake puso algunas
   flores más. Ahora hay 37 flores en el florero.
   ¿Cuántas flores puso Jake en el florero?

Patrones de cubos

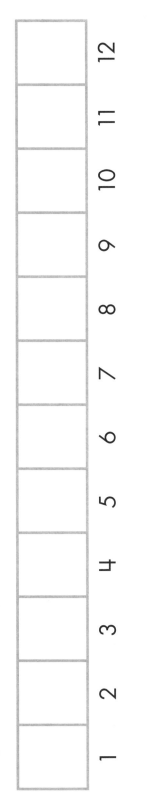

1. Haz un patrón con los cubos. Luego coloréalo aquí.

1   2   3   4   5   6   7   8   9   10   11   12

2. Haz otro patrón con los cubos. Luego coloréalo aquí.

1   2   3   4   5   6   7   8   9   10   11   12

Patrón de tren de cubos A

Construye un tren de 8 cubos que siga el patrón
rojo-azul-rojo-azul. Colorea el patrón en la tira
de números y contesta las preguntas que siguen.

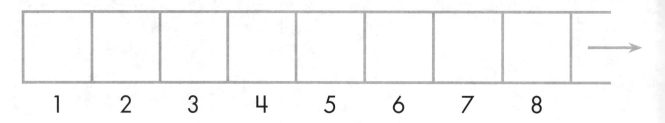

1. ¿De qué color es el cubo 3? _____

2. ¿De qué color es el cubo 6? _____

3. ¿De qué color es el cubo 10? _____

4. ¿De qué color es el cubo 13? _____

5. **a.** Observa los cubos **azules** y escribe
   sus números. Continúa hasta llegar a 20.

   b. Escribe una cosa que observes en el patrón
   de números.

Paquetes de cajas de jugo

1. Jake y Sally tienen que comprar paquetes de cajas de jugo para su equipo de fútbol. Un paquete contiene 6 cajas de jugo. Usa la información de abajo para completar la tabla.

NOTA Los estudiantes identifican la relación entre dos cantidades para completar la tabla.

 96, 97–98

Paquetes de cajas de jugo	
Número de paquetes	**Número total de cajas de jugo**
1	
2	
3	
	24
5	
10	

Repaso continuo

2. ¿Qué números faltan en la tira de conteo?

28, 29   29, 30   30, 31   31, 32

(A)   (B)   (C)   (D)

28
29
—
—
32

Patrón de tren de cubos B (página 1 de 2)

Construye un tren de 9 cubos que siga el patrón
amarillo-rojo-azul. Colorea el patrón en la tira
de números y contesta las preguntas que siguen.

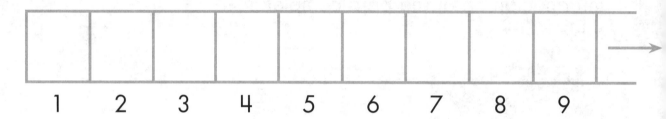

1. ¿De qué color es el cubo 3? _____

2. ¿De qué color es el cubo 6? _____

3. ¿De qué color es el cubo 10? _____

4. ¿De qué color es el cubo 12? _____

5. **a.** Observa los cubos **azules** y escribe sus números.
   Continúa hasta llegar a 30.

   b. Escribe una cosa que observes en el patrón de números.

¿Cuántos pisos? ¿Cuántos cuartos?

Patrón de tren de cubos B (página 2 de 2)

6. **a.** Observa los cubos **amarillos** y escribe
   sus números. Continúa hasta pasar 30.

   b. Escribe una cosa que observes en el patrón
   de números. ¿En qué se parece o se
   diferencia de la lista de los cubos **azules?**

7. **a.** Observa los cubos **rojos** y escribe sus
   números. Continúa hasta pasar 30.

   b. Escribe una cosa que observes en el patrón
   de números. ¿En qué se parece o se
   diferencia de la lista de los cubos **azules?**

Ecuaciones de suma y resta

NOTA Los estudiantes resuelven ecuaciones de suma y resta.

MME 54

Resuelve estos problemas.

1. $8 + 8 + 2 + 3 =$ _____	**2.** $9 + 8 + 10 + 9 =$ _____
3. $17 - 4 - 6 - 3 =$ _____	**4.** $7 + 6 + 6 + 5 =$ _____
5. $22 - 7 + 8 =$ _____	**6.** $6 + 9 - 5 - 10 =$ _____
7. $13 - 8 + 5 =$ _____	**8.** $14 + 16 + 5 + 5 =$ _____
9. $10 - 7 + 3 + 3 =$ _____	**10.** $4 + 5 + 4 + 4 =$ _____
11. $6 + 5 + 4 + 3 + 2 =$ _____	**12.** $1 + 10 + 2 + 0 =$ _____

¿Cuánto dinero?

¿Cuánto dinero hay en cada recuadro?

Escribe una ecuación en cada recuadro
para mostrar cómo contaste el dinero.

> **NOTA** En cada problema, los estudiantes
> determinan la cantidad de dinero y
> escriben una ecuación para mostrar cómo
> contaron el dinero.
>
> **MME** 19, 20

1.

2.

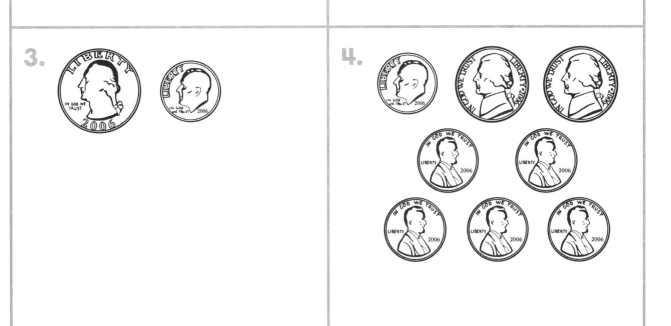

3.

4.

¿Cuántos pisos? ¿Cuántos cuartos?

Patrón de tren de cubos C

Construye un tren de 10 cubos que siga el patrón
amarillo-amarillo-verde-verde-anaranjado.
Colorea el patrón en la tira de números y contesta
las preguntas de abajo.

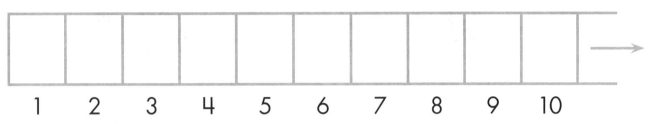

| 1 | 2 | 3 | 4 | 5 | 6 | 7 | 8 | 9 | 10 |

1. ¿De qué color es el cubo 5? _____

2. ¿De qué color es el cubo 10? _____

3. a. Si continuaras el patrón, ¿qué número
sería el próximo cubo **anaranjado?** _____

b. Después de ése, ¿qué número sería
el siguiente cubo **anaranjado?** _____

4. a. Escribe los números correspondientes a los cubos
anaranjados. Continúa hasta llegar a 50.

b. Escribe una cosa que observes en el patrón de números.

Ruedas de triciclo

> **NOTA** Los estudiantes identifican la relación entre dos cantidades para completar la tabla.
>
> MME 96, 97–98

1. Franco y Kira están decorando ruedas de triciclo para el desfile de su vecindario. Completa la tabla para hallar cuántas ruedas tienen que decorar si hay 15 triciclos.

Ruedas de triciclo	
Número de triciclos	**Número total de ruedas**
1	3
2	
3	
4	
5	

10	
11	
12	

15	

Repaso continuo

2. ¿Cuál muestra una combinación de 12?

$6 + 9$ $7 + 5$ $3 + 8$ $5 + 5$

Ⓐ   Ⓑ   Ⓒ   Ⓓ

Patrón de tren de cubos D (página 1 de 3)

1. Construye un tren de 8 cubos que siga el patrón
rojo-azul-café-verde. Colorea el patrón en
la tira de números y contesta las preguntas que siguen.

| 1 | 2 | 3 | 4 | 5 | 6 | 7 | 8 |

Si continúas el patrón,
¿de qué color será el cubo 12? _____

¿Qué número será el próximo cubo **verde?** _____

Observa todos los cubos **verdes** y escribe
sus números. Continúa hasta llegar a 40.

Patrón de tren de cubos D (página 2 de 3)

2. Construye un tren de 8 cubos que siga el patrón
amarillo-negro-blanco-anaranjado.
Colorea el patrón en la tira de números y contesta
las preguntas que siguen.

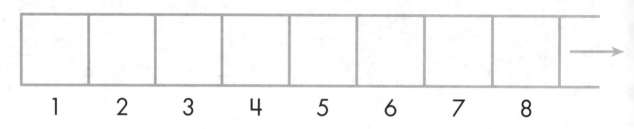

1	2	3	4	5	6	7	8

Si sigues el patrón, ¿de qué
color será el cubo 12? _____

¿Qué número será el próximo
cubo **anaranjado?** _____

Observa todos los cubos **anaranjados** y
escribe sus números. Continúa hasta llegar a 40.

Patrón de tren de cubos D (página 3 de 3)

3. Observa el patrón **rojo-azul-café-verde** y el patrón **amarillo-negro-blanco-anaranjado.** ¿En qué se parecen y en qué se diferencian?

4. Construye otro patrón de cubos que te dé un patrón de 4, 8, 12,… para uno de los colores. Colorea el nuevo patrón en la tira de números de abajo.

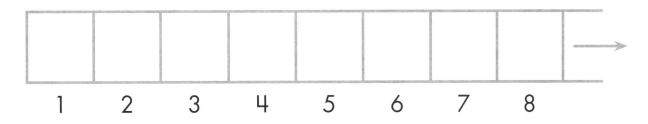

¿De qué color serán los cuadrados 4, 8, 12 y 16 si el patrón continúa? _____

¿Cuánto dinero?

¿Cuánto dinero hay en cada recuadro?

NOTA Los estudiantes practican cómo contar dinero.

 19, 20

Escribe una ecuación en cada recuadro para mostrar cómo contaste el dinero.

1.

2.

3.

4.

¿Cuántas pegatinas?

NOTA Los estudiantes usan su comprensión de los grupos de 10 y de 1 para determinar el número de pegatinas en un conjunto y resolver problemas con pegatinas.

MME 27, 28

1.

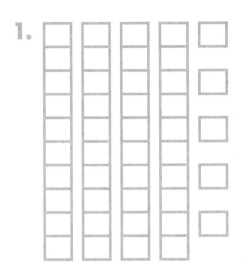

¿Cuántas pegatinas hay?

_____

2.

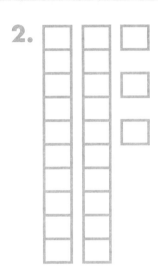

¿Cuántas pegatinas hay?

_____

3.

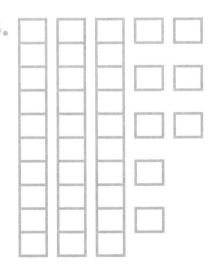

¿Cuántas pegatinas hay?

_____

4.

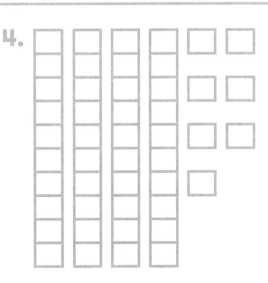

¿Cuántas pegatinas hay?

_____

Hacer un pastel

Franco está haciendo un pastel de frutas.
Ésta es una lista de los ingredientes que
usará Franco para hacer un pastel de frutas.

NOTA Los estudiantes usan razones en situaciones de la vida diaria.

1 taza de piña picada   4 cucharadas de almendras picadas

2 tazas de coco $\frac{1}{2}$ taza de leche

3 tazas de harina   6 huevos

1. ¿Cuántas tazas de piña necesita Franco para
   hacer 2 pasteles de frutas?

2. Franco decide hacer 4 pasteles de frutas.
   ¿Cuántos huevos necesita?

3. Kira, la amiga de Franco, hará 3 pasteles de
   fruta. ¿Cuántas tazas de coco necesitará?

4. Franco tiene cinco tazas de harina. ¿Tiene
   suficiente harina para hacer 2 pasteles de frutas?

5. ¿Cuántas tazas de leche necesitará Franco si
   quiere hacer 4 pasteles de frutas?

Complicated Kris Northern

"This image illustrates some of the best qualities of fractals—infinity, reiteration, and self similarity." – **Kris Northern**

Investigations
IN NUMBER, DATA, AND SPACE®
en español

¿Cuántas decenas?
¿Cuántas unidades?

Investigación 3

Investigación 4

Problemas con pegatinas (página 1 de 2)

Resuelve cada problema. Muestra tu trabajo y escribe una ecuación.

1. Sally fue al quiosco de pegatinas. Compró 2 tiras de diez pegatinas de estrellas y 6 pegatinas sueltas de estrellas. También compró 2 tiras de diez pegatinas de lunas y 3 pegatinas sueltas de lunas. ¿Cuántas pegatinas compró Sally?

2. Franco tenía 25 pegatinas de dragones. Fue al quiosco de pegatinas y compró 2 tiras más de 10 pegatinas de dragones. ¿Cuántas pegatinas tiene Franco ahora?

Problemas con pegatinas (página 2 de 2)

3. Jake compró algunas pegatinas en el quiosco de pegatinas. Compró 4 tiras de diez pegatinas de soles y 3 pegatinas sueltas de soles. También compró 2 tiras de diez pegatinas de lunas y 5 pegatinas sueltas de lunas. ¿Cuántas pegatinas compró Jake?

4. Kira tenía 30 pegatinas de perritos. Fue al quiosco de pegatinas y compró una tira más de diez pegatinas de perritos y 5 pegatinas sueltas de perritos. ¿Cuántas pegatinas tiene Kira ahora?

Problemas sobre decir la hora

Lee cada reloj. Anota qué hora es. También anota qué hora será en dos horas. Escribe cada hora de tres maneras diferentes.

> **NOTA** Los estudiantes practican cómo decir la hora y determinar la hora en punto y la media hora.
>
>  137, 139, 141

¿Qué hora es ahora?	¿Qué hora será en dos horas?
: ocho en punto	: _____
: cinco y media	: _____
2:30 dos y media	: _____
: _____	: _____
10:00 _____	: _____

Más problemas con pegatinas (página 1 de 2)

Resuelve cada problema. Muestra tu trabajo y
escribe una ecuación.

1. Jake tenía 36 pegatinas de circos. Le dio 10 a su
hermana y 10 a un amigo. ¿Cuántas pegatinas
de circos le quedan a Jake?

2. Franco tenía 62 pegatinas de magos. Le dio
3 tiras de diez y 2 sueltas a Jake. ¿Cuántas
pegatinas de magos le quedan a Franco?

Más problemas con pegatinas (página 2 de 2)

3. Sally tenía 44 pegatinas de lunas. Antes de cenar puso 3 tiras de diez en su álbum de pegatinas. ¿Cuántas pegatinas de lunas le faltan poner en su álbum?

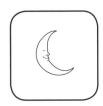

4. Kira tenía 58 pegatinas de carros. Le dio 2 tiras de diez y 4 sueltas a su hermano. ¿Cuántas pegatinas de carros le quedan a Kira?

El número de hoy con monedas

El número de hoy es <u>53</u>.

> **NOTA** Los estudiantes escriben expresiones que sean iguales al número de hoy, usando valores de monedas. Hay muchas soluciones posibles.
>
> **19, 55, 57**

25¢ + 25¢ + 1¢ + 1¢ + 1¢

25¢ + 25¢ + 5¢ − 1¢ − 1¢

25¢ + 10¢ + 10¢ + 5¢ + 1¢ + 1¢ + 1¢

Escribe por lo menos 5 maneras diferentes de formar el número de hoy con monedas. Usa monedas de 1¢, monedas de 5¢, monedas de 10¢ o monedas de 25¢.

¿Cuántas decenas? ¿Cuántas unidades?

Problemas-cuento (página 1 de 2)

Resuelve cada problema. Muestra tu trabajo
y escribe una ecuación.

1. Franco tenía 27 pegatinas de cometas. Fue al
   quiosco de pegatinas y compró 3 tiras de diez
   más. ¿Cuántas pegatinas tiene Franco ahora?

2. El sábado, Kira y Jake contaron animales en
   el parque. Contaron 23 palomas y 37 ardillas.
   ¿Cuántos animales contaron?

Problemas-cuento (página 2 de 2)

3. Sally tenía 64 pegatinas de conejos. Le dio 2 tiras de diez y 3 sueltas a Franco. ¿Cuántas pegatinas de conejos le quedan a Sally?

4. La Sra. Brown tenía 59 lápices. Le prestó 32 lápices al Sr. Blue. ¿Cuántos lápices le quedan a la Sra. Brown?

Pegatinas de gatos y saltar la cuerda

NOTA Los estudiantes usan la suma o la resta para resolver problemas-cuento.

MME 62–64, 70–72

Resuelve cada problema. Muestra tu trabajo y escribe una ecuación.

1. Sally tenía 57 pegatinas de gatos. Le dio 3 tiras de diez y 5 sueltas a Kira. ¿Cuántas pegatinas de gatos tiene Sally ahora?

2. Franco y Jake estaban saltando la cuerda. Franco contó 34 saltos. Jake contó 22 saltos. ¿Cuántos saltos contaron en total?

Repaso continuo

3. ¿Qué figura **no** pertenece al grupo?

Ⓐ

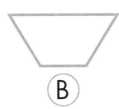
Ⓑ

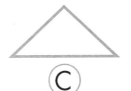
Ⓒ

Ⓓ

Problemas con pegatinas en el hogar (página 1 de 2)

NOTA Los estudiantes resuelven problemas sobre el quiosco de pegatinas, un tipo de tienda que vende pegatinas en tiras de 10 y sueltas. Estos problemas se enfocan en el valor de posición y en sumar 10 y 1.

MME 28, 32, 63–64

Escribe una ecuación. Luego resuelve el problema y muestra tu trabajo.

1. Franco fue al quiosco de pegatinas. Compró 1 tira de diez pegatinas de soles y 5 pegatinas de soles sueltas. También compró 2 tiras de diez pegatinas de lunas y 1 pegatina de lunas suelta. ¿Cuántas pegatinas compró Franco?

2. Sally colecciona pegatinas deportivas. En el quiosco de pegatinas compró una tira de 10 pegatinas de fútbol y 2 pegatinas de fútbol sueltas. También compró 3 tiras de diez pegatinas de básquetbol y dos pegatinas de básquetbol sueltas. ¿Cuántas pegatinas compró Sally?

Problemas con pegatinas en el hogar (página 2 de 2)

3. Jake colecciona pegatinas de animales. En el quiosco de pegatinas compró 2 tiras de diez pegatinas de pájaros y 3 pegatinas sueltas. También compró 1 tira de diez pegatinas de peces y 4 pegatinas sueltas. ¿Cuántas pegatinas compró Jake?

4. Kira fue al quiosco de pegatinas. Compró 3 tiras de diez pegatinas de cometas y 1 pegatina de cometas suelta. También compró 1 tira de diez pegatinas de carros y 7 pegatinas de carros sueltas. ¿Cuántas pegatinas compró Kira?

¿Cuántas decenas? ¿Cuántas unidades?

Más problemas-cuento (página 1 de 2)

Resuelve cada problema. Muestra tu trabajo
y escribe una ecuación.

1. Sally tenía 67 monedas de 1¢. Usó 41 para
   comprar un bolígrafo de tinta brillante.
   ¿Cuántas monedas de 1¢ le quedan?

2. Franco tenía 43 estampillas en su colección.
   Su madre le dio 39 estampillas más.
   ¿Cuántas estampillas tiene Franco ahora?

Más problemas-cuento (página 2 de 2)

3. Kira y Sally hicieron 53 bolas de nieve para la gran guerra de nieve. Lanzaron 21 bolas de nieve. ¿Cuántas bolas de nieve les quedan?

4. Jake halló 28 canicas en su ropero. Compró 54 canicas más en la tienda. ¿Cuántas canicas tiene Jake ahora?

Problemas de *Cerca de 20*

Sally y Jake están jugando a *Cerca de 20*.
Completa el resto de la hoja de Jake.

Recuerda: El puntaje de una vuelta es la
distancia que el total de esa vuelta está de 20.

NOTA Los estudiantes
resuelven problemas de
suma con 3 sumandos y
determinan a qué distancia
de 20 están los totales.

MME **54, J2**

Tablero de Sally:

		Total	Puntaje
Vuelta 1	$4 + 6 + 8$	18	2
Vuelta 2	$10 + 9 + 3$	22	2
Vuelta 3	$9 + 0 + 10$	19	1
Vuelta 4	$10 + 1 + 1$	12	8
Vuelta 5	$10 + 2 + 8$	20	0

Puntaje total de Sally: $2 + 2 + 1 + 8 + 0 =$ ___13___

Tablero de Jake:

		Total	Puntaje
Vuelta 1	$9 + 5 + 7$		
Vuelta 2	$8 + 7 + 3$		
Vuelta 3	$10 + 7 + 7$		
Vuelta 4	$6 + 6 + 8$		
Vuelta 5	$7 + 9 + 3$		

Puntaje total de Jake: _____

Minitablas de 100

1	2	3	4	5	6	7	8	9	10
11	12	13	14	15	16	17	18	19	20
21	22	23	24	25	26	27	28	29	30
31	32	33	34	35	36	37	38	39	40
41	42	43	44	45	46	47	48	49	50
51	52	53	54	55	56	57	58	59	60
61	62	63	64	65	66	67	68	69	70
71	72	73	74	75	76	77	78	79	80
81	82	83	84	85	86	87	88	89	90
91	92	93	94	95	96	97	98	99	100

1	2	3	4	5	6	7	8	9	10
11	12	13	14	15	16	17	18	19	20
21	22	23	24	25	26	27	28	29	30
31	32	33	34	35	36	37	38	39	40
41	42	43	44	45	46	47	48	49	50
51	52	53	54	55	56	57	58	59	60
61	62	63	64	65	66	67	68	69	70
71	72	73	74	75	76	77	78	79	80
81	82	83	84	85	86	87	88	89	90
91	92	93	94	95	96	97	98	99	100

1	2	3	4	5	6	7	8	9	10
11	12	13	14	15	16	17	18	19	20
21	22	23	24	25	26	27	28	29	30
31	32	33	34	35	36	37	38	39	40
41	42	43	44	45	46	47	48	49	50
51	52	53	54	55	56	57	58	59	60
61	62	63	64	65	66	67	68	69	70
71	72	73	74	75	76	77	78	79	80
81	82	83	84	85	86	87	88	89	90
91	92	93	94	95	96	97	98	99	100

1	2	3	4	5	6	7	8	9	10
11	12	13	14	15	16	17	18	19	20
21	22	23	24	25	26	27	28	29	30
31	32	33	34	35	36	37	38	39	40
41	42	43	44	45	46	47	48	49	50
51	52	53	54	55	56	57	58	59	60
61	62	63	64	65	66	67	68	69	70
71	72	73	74	75	76	77	78	79	80
81	82	83	84	85	86	87	88	89	90
91	92	93	94	95	96	97	98	99	100

¿Cuántas decenas? ¿Cuántas unidades?   Práctica diaria

La tabla de 100

Halla los números que faltan para
completar la tabla.

NOTA Los estudiantes practican
cómo establecer una secuencia de
números del 1 al 100.

 24, 25

	2	3	4			7	8	9	
	12	13	14			17	18	19	
	22	23	24			27	28	29	
	32	33	34			37	38	39	
	42	43	44			47	48	49	
	62	63	64			67	68	69	
	72	73	74			77	78	79	
	82	83	84			87	88	89	
	92	93	94			97	98	99	

Más problemas con pegatinas en el hogar

(página 1 de 2)

Resuelve cada problema. Muestra tu trabajo y escribe una ecuación.

NOTA Los estudiantes resuelven problemas sobre el quiosco de pegatinas, un tipo de tienda que vende pegatinas en tiras de 10 y sueltas. Estos problemas se enfocan en la suma, la resta y el valor de posición (10 y 1).

MME 62–64, 70–72

1. Kira compró 64 pegatinas de gatos en el quiosco de pegatinas. Le dio 2 tiras de diez a Franco. ¿Cuántas pegatinas de gatos le quedaron a Kira?

2. Sally fue al quiosco de pegatinas a comprar pegatinas. Compró 3 tiras de diez pegatinas de globos y 3 pegatinas sueltas. También compró 2 tiras de diez pegatinas de perritos y 4 pegatinas sueltas. ¿Cuántas pegatinas compró Sally?

Más problemas con pegatinas en el hogar (página 2 de 2)

3. Jake fue al quiosco de pegatinas. Compró 4 tiras de diez pegatinas de trenes y 1 pegatina suelta. También compró 2 tiras de diez pegatinas de flores y 6 pegatinas sueltas. ¿Cuántas pegatinas compró Jake?

4. Franco tenía 5 tiras de diez pegatinas de béisbol y 9 pegatinas de béisbol sueltas. Le dio dos tiras de diez y 7 sueltas a Sally. ¿Cuántas pegatinas de béisbol le sobraron a Franco?

Explorar la tabla de 100

NOTA Los estudiantes practican cómo establecer una secuencia de números del 1 al 100.

MME **24, 25**

1	2	3	4	5	6	7	8	9	10
11	12	13	14	15	16	17	18	19	20
21	22	23	24	25	26	27	28	29	30
31	32	33	34	35	36	37	38	39	40
41	42	43	44	45	46	47	48	49	50
51	52	53	54	55	56	57	58	59	60
61	62	63	64	65	66	67	68	69	70
71	72	73	74	75	76	77	78	79	80
81	82	83	84	85	86	87	88	89	90
91	92	93	94	95	96	97	98	99	100

Observa los números resaltados. ¿Qué patrones notas?

_____

_____

_____

_____

_____

Completa con los números que faltan.

1.

			55			59	
			65			69	

2.

			85			89	
			95			99	

Repaso continuo

3. ¿Qué combinación de suma o de resta **no** forma 100?

(A) 101 − 1   (B) 99 + 1   (C) 98 + 2   (D) 98 − 2

Números que faltan (página 1 de 2)

	2								
				25					
									60
						87			
91									

Escribe los siguientes números en la tabla de 100 y explica cómo averiguaste dónde van.

20 _____

3 _____

75 _____

43 _____

¿Cuántas decenas? ¿Cuántas unidades?

Números que faltan (página 2 de 2)

				5					
21									
				47					
		63							
								90	

39 _____

85 _____

8 _____

70 _____

Problemas con números que faltan

NOTA Los estudiantes practican cómo resolver combinaciones de suma y establecer una secuencia de números del 1 al 100.

 **MME** 24, 25

1. Resuelve estos problemas. Escribe los totales en la tabla de 100 de abajo.

$3 + 5 =$ _____ $8 + 3 =$ _____ $4 + 9 =$ _____

$9 + 10 =$ _____ $8 + 4 =$ _____ $8 + 6 =$ _____

$7 + 9 =$ _____ $5 + 0 =$ _____ $6 + 9 =$ _____

$5 + 5 =$ _____ $0 + 3 =$ _____ $2 + 7 =$ _____

2. Completa la tabla de 100 con los otros números que faltan.

1	2		4		6	7			
							17	18		20
21	22	23		25	26				
	33		35		37		39		
41	42		44	45	46		48	49	50
	52	53				57	58	59	
61	62		64	65		67	68	69	
71		73	74		76			79	80
	82	83	84	85		87	88	89	90
91		93		95	96			99	

¿Cuántos cubos? (página 1 de 2)

Resuelve cada problema. Muestra tu trabajo y escribe una ecuación.

> **NOTA** Los estudiantes resuelven problemas de suma y de resta sobre el juego *Lanzar un cuadrado*.
>
> **60, 68**

1. Jake y Sally estaban jugando a *Lanzar un cuadrado*. Tenían 27 cubos y lanzaron un 9. ¿Cuántos cubos tienen ahora?

2. Kira y Franco estaban jugando a *Lanzar un cuadrado*. Habían obtenido 53 cubos pero cayeron en el espacio que dice "¡Ay, no! Devuelve 6 cubos". ¿Cuántos cubos tienen ahora?

¿Cuántos cubos? (página 2 de 2)

3. Jake y Franco estaban jugando a *Lanzar un cuadrado.* Tenían 46 cubos y luego cayeron en el espacio que dice "¡Fantástico! Toma 5 cubos más". ¿Cuántos cubos tienen ahora?

4. Sally y Kira estaban jugando a *Lanzar un cuadrado.* Tenían 54 cubos y lanzaron un 7. ¿Cuántos cubos tienen ahora?

Álbumes de pegatinas (página 1 de 4)

Kira coleccionó pegatinas por un tiempo largo. Guardó muchas tiras y pegatinas sueltas de diferentes tipos en una caja de zapatos. Cuando Kira quería ver sus pegatinas, tenía que ponerlas todas en el piso. Un día, Kira fue al quiosco de pegatinas y vio algo nuevo: ¡álbumes de pegatinas! Cada álbum tenía 10 páginas y en cada página había 10 filas con bolsillos para poner las pegatinas. En cada fila podía caber una tira de 10 pegatinas o 10 pegatinas sueltas. Al pie de cada página había un lugar para escribir qué tipo de pegatinas había en esa página. El álbum de pegatinas se veía así:

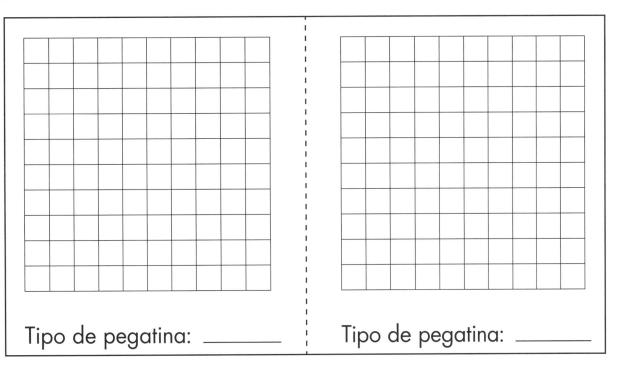

Tipo de pegatina: _____   Tipo de pegatina: _____

¡Kira estaba muy entusiasmada! ¡Finalmente podría organizar sus pegatinas y llevar la cuenta de todas ellas! Compró un álbum y volvió corriendo a su casa para empezar a trabajar.

¿Cuántas decenas? ¿Cuántas unidades?

Álbumes de pegatinas (página 2 de 4)

Muestra cómo se verían las páginas del álbum
de pegatinas de Kira si tuviera lo siguiente:

46 pegatinas de mar

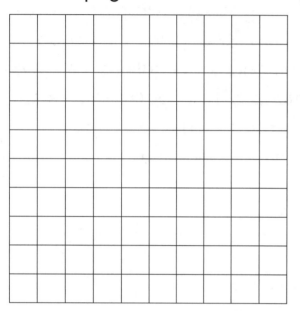

Tipo de pegatina: ___mar___

61 pegatinas de béisbol

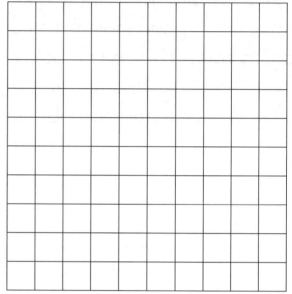

Tipo de pegatina: ___béisbol___

75 pegatinas con unicornios

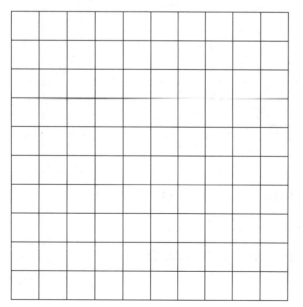

Tipo de pegatina: ___unicornio___

98 pegatinas con flores

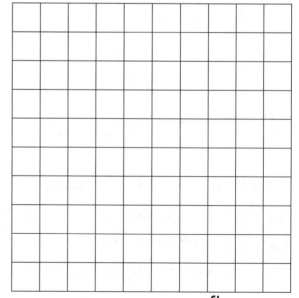

Tipo de pegatina: ___flores___

Álbumes de pegatinas (página 3 de 4)

Resuelve los problemas. Muestra tu trabajo. Como ayuda, puedes usar las cuadrículas que coloreaste en la página 28.

1. Kira tenía 46 pegatinas de mar. ¿Cuántas pegatinas más de mar necesita Kira para tener 70 pegatinas de mar?

2. Kira tiene 61 pegatinas de béisbol. ¿Cuántas pegatinas más de béisbol necesita Kira para tener 80 pegatinas de béisbol?

Álbumes de pegatinas (página 4 de 4)

3. Kira tiene 75 pegatinas de unicornios. ¿Cuántas pegatinas más de unicornios necesita Kira para tener 85 pegatinas de unicornios?

4. Kira tiene 98 pegatinas de flores. Kira encontró 12 pegatinas más de flores. ¿Cuántas pegatinas de flores tiene Kira ahora?

Diez filas de diez

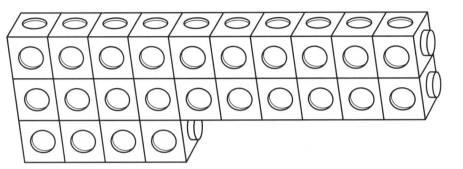

> **NOTA** Los estudiantes usan la suma y la resta para hallar la diferencia entre un número y un múltiplo de 10.
>
> **MME** 46, 78–80

1. ¿Cuántos cubos más necesitas para terminar otra fila de 10? _____

2. Empieza con los cubos que se muestran.

   ¿Cuántos cubos más necesitas para llegar a 50? _____

3. Empieza con los cubos que se muestran. ¿Cuántos cubos más necesitas para llegar a 100? _____

Repaso continuo

4. En una canasta hay 4 manzanas.
   Gina pone 7 manzanas más en la canasta.
   ¿Cuántas manzanas hay ahora en la canasta?

   4   7   10   11
   Ⓐ   Ⓑ   Ⓒ   Ⓓ

5. ¿Cuánto es la suma de los puntos de los dados?

   12   10   9   8
   Ⓐ   Ⓑ   Ⓒ   Ⓓ

¿Cuántas pegatinas?
¿Cuántos puntos? (página 1 de 2)

Resuelve cada problema. Muestra tu trabajo y escribe una ecuación.

1. De regalo, Sally recibió 5 tiras de diez pegatinas y 3 pegatinas sueltas de su mamá y 1 tira de diez pegatinas y 7 pegatinas sueltas de su papá. ¿Cuántas pegatinas tiene Sally en total?

2. Jake fue al quiosco de pegatinas y compró 3 tiras de diez pegatinas de gatos y 6 sueltas con gatos. También compró 3 tiras de diez pegatinas de perros y 4 sueltas de perros. ¿Cuántas pegatinas compró Jake?

¿Cuántas pegatinas?
¿Cuántos puntos? (página 2 de 2)

3. Franco y Kira están en el mismo equipo de básquetbol. En el mismo partido, cada uno anotó 36 puntos. ¿Cuántos puntos anotaron Kira y Franco en total para su equipo?

4. Jake y Sally están en el mismo equipo de básquetbol. En el mismo partido, Sally anotó 43 puntos y Jake anotó 24 puntos. ¿Cuántos puntos anotaron Jake y Sally en total para su equipo?

Resolver un problema con pegatinas

NOTA Los estudiantes usan la suma y la resta para hallar la diferencia entre un número y un múltiplo de 10.

 78–80

Resuelve el problema. Muestra tu trabajo.
Escribe una ecuación.

Sally tenía 27 pegatinas de aviones.

¿Cuántas más necesita para tener 40?

¿Cuántas más? (página 1 de 2)

Usa las cuadrículas para resolver los problemas.
Escribe una ecuación.

NOTA Los estudiantes resuelven problemas sobre partes que faltan.

MME 28, 78–80

1. Sally tiene 37 pegatinas de surfistas.
   Colorea la cuadrícula para mostrar cuántas
   pegatinas de surfistas tiene Sally.

Ecuación:

_____

¿Cuántas pegatinas de surfistas más necesita
Sally para tener 60 pegatinas de surfistas?

2. Jake colecciona pegatinas de pájaros.
   ¿Cuántas pegatinas de pájaros tiene Jake? _____

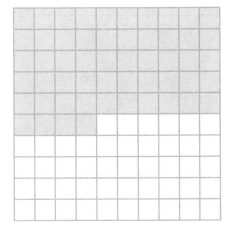

Ecuación:

_____

¿Cuántas pegatinas de pájaros más necesita Jake para
tener 80 pegatinas de pájaros?

¿Cuántas más? (página 2 de 2)

3. Jake tiene 53 pegatinas de peces. Colorea la cuadrícula para mostrar cuántas pegatinas de peces tiene Jake.

Ecuación:

_____

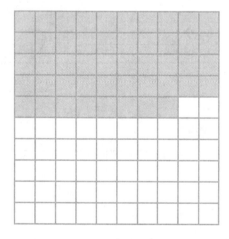

¿Cuántas pegatinas de peces más necesita Jake para tener 90 pegatinas de peces?

4. Sally colecciona pegatinas de dragones. ¿Cuántas pegatinas de dragones tiene Sally? _____

Ecuación:

_____

¿Cuántas pegatinas de dragones más necesita para tener 95 pegatinas de dragones?

De aquí a allí

¿Qué distancia hay...

NOTA Los estudiantes hallan la diferencia entre un número y un múltiplo de 10.

MME 78–80

1. del 24 al 80? _____

2. del 13 al 30? _____

3. del 32 al 80? _____

4. del 47 al 70? _____

5. del 48 al 70? _____

6. del 1 al 100? _____

7. del 1 al 90? _____

8. del 2 al 90? _____

9. del 0 al 100? _____

1	2	3	4	5	6	7	8	9	10
11	12	13	14	15	16	17	18	19	20
21	22	23	24	25	26	27	28	29	30
31	32	33	34	35	36	37	38	39	40
41	42	43	44	45	46	47	48	49	50
51	52	53	54	55	56	57	58	59	60
61	62	63	64	65	66	67	68	69	70
71	72	73	74	75	76	77	78	79	80
81	82	83	84	85	86	87	88	89	90
91	92	93	94	95	96	97	98	99	100

Repaso continuo

¿Cuántos cubos se usaron para hacer cada figura?

10.

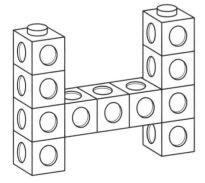

10	11	12	13
Ⓐ	Ⓑ	Ⓒ	Ⓓ

11.

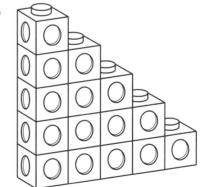

15	16	17	18
Ⓐ	Ⓑ	Ⓒ	Ⓓ

Tabla de 100

1	2	3	4	5	6	7	8	9	10
11	12	13	14	15	16	17	18	19	20
21	22	23	24	25	26	27	28	29	30
31	32	33	34	35	36	37	38	39	40
41	42	43	44	45	46	47	48	49	50
51	52	53	54	55	56	57	58	59	60
61	62	63	64	65	66	67	68	69	70
71	72	73	74	75	76	77	78	79	80
81	82	83	84	85	86	87	88	89	90
91	92	93	94	95	96	97	98	99	100

¿Cuántas decenas? ¿Cuántas unidades?

Llegar a 100 Hoja de anotaciones

Anota cada vuelta mientras juegas. Cuando llegues a 100 en el tablero, muestra que tus vueltas suman 100.

Juego 1: Jugué con _____.

Juego 2: Jugué con _____.

¿Cómo llegas TÚ a 100?

Muestra cómo sumas cada tira de números.

Ejemplo:

> **NOTA** Los estudiantes usan combinaciones de suma que conocen para resolver problemas con varios sumandos.
>
> MME 54

$\checkmark$ $\checkmark$ $\checkmark$ $\checkmark$ $\checkmark$ $\checkmark$ $\checkmark$

$26 + 5 + 4 + 15 + 33 + 10 + 7$

$26 + 4 = 30$ $\checkmark$

$5 + 15 = 20$ $\checkmark$

$33 + 7 = 40$ $\checkmark$ $30 + 20 + 40 + 10 = 100$ $\checkmark$

1. $15 + 20 + 34 + 16 + 15$

2. $10 + 32 + 15 + 28 + 15$

3. $8 + 12 + 25 + 25 + 30$

4. $42 + 13 + 15 + 8 + 22$

Repaso continuo

5. ¿Qué combinación de 10 describe este tren de cubos?

(A) $3 + 7$ (B) $4 + 6$ (C) $5 + 5$ (D) $9 + 1$

Reunir $1.00 Hoja de anotaciones

Juega a *Reunir $1.00.* En cada vuelta, escribe
la cantidad que reúnes y el total que tienes.

	¿Cuánto reuniste?	¿Cuánto dinero tienes ahora?
Vuelta 1		
Vuelta 2		
Vuelta 3		
Vuelta 4		
Vuelta 5		
Vuelta 6		
Vuelta 7		
Vuelta 8		
Vuelta 9		
Vuelta 10		
Vuelta 11		
Vuelta 12		
Vuelta 13		
Vuelta 14		
Vuelta 15		

Contar monedas

¿Cuánto dinero tiene cada estudiante?
¿Cuánto más necesita cada uno para
formar $1.00?

NOTA Los estudiantes
practican cómo contar
dinero y determinar la
diferencia entre la cantidad
que cuentan y $1.00.

MME **19, 20, 21**

1.

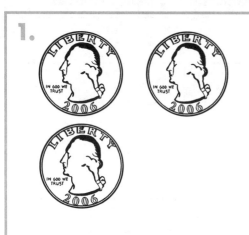

Kira tiene _____.

Kira necesita _____ para
formar $1.00.

2.

Jake tiene _____.

Jake necesita _____ para
formar $1.00.

3.

Franco tiene _____.

Franco necesita _____
para formar $1.00.

4.

Sally tiene _____.

Sally necesita _____ para
formar $1.00.

¿Cuántas decenas? ¿Cuántas unidades?

Números que faltan: Ecuaciones

(página 1 de 2)

Resuelve estos problemas. Escribe los resultados en la tabla de 100.

$25 + 10 + 10 =$ _____ $19 + 10 + 10 + 10 =$ _____

$40 + 20 =$ _____ $11 + 10 + 20 =$ _____

$36 - 10 - 10 =$ _____ $68 - 10 - 10 - 10 =$ _____

$73 + 20 =$ _____ $44 + 10 + 20 + 10 =$ _____

$52 + 10 - 10 + 10 =$ _____

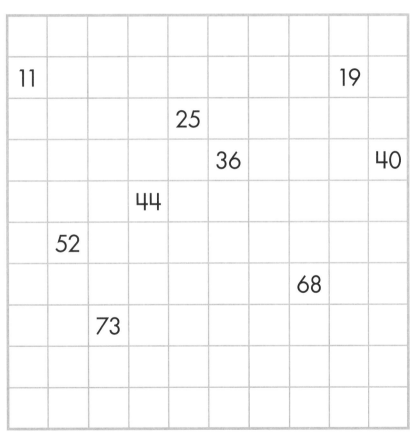

Reto:

$39 + 10 + 10 + 2 =$ _____ $42 + 10 + 10 + 10 + 5 =$ _____

$98 - 20 - 10 - 3 =$ _____ $71 - 10 - 10 + 20 + 7 =$ _____

Números que faltan: Ecuaciones

(página 2 de 2)

$43 + 10 + 10 + 10 =$ _____ $55 + 30 - 20 =$ _____

$35 + 40 =$ _____ $18 + 20 + 10 =$ _____

$33 - 10 - 20 =$ _____ $91 - 10 - 10 - 10 =$ _____

$74 + 10 =$ _____ $22 - 20 + 10 + 10 =$ _____

$67 + 10 - 10 - 10 =$ _____

				5					
							28		
	32								
41									50
		54							
	63								
								89	
					96				

Reto:

$20 + 20 + 20 + 4 =$ _____ $36 + 10 + 20 + 10 + 3 =$ _____

$87 + 10 - 20 - 6 =$ _____ $51 - 20 - 10 + 8 =$ _____

¿Cuántas decenas? ¿Cuántas unidades?

Números que faltan:
Más ecuaciones (página 1 de 2)

Resuelve estos problemas. Escribe los resultados en la tabla de 100.

$25 + 10 + 10 + 5 =$ _____ $49 - 20 - 9 =$ _____

$97 - 20 - 30 - 5 =$ _____ $66 + 10 + 5 =$ _____

$12 + 20 + 8 + 3 =$ _____ $52 - 10 - 6 =$ _____

$45 + 25 + 13 + 17 =$ _____ $100 - 25 - 25 - 15 =$ _____

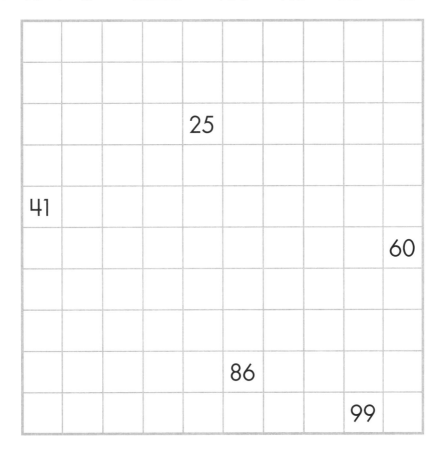

Reto:

$45 + 20 - 15 + 3 =$ _____ $83 - 10 - 10 - 3 =$ _____

$17 + 10 + 10 + 3 =$ _____ $79 - 30 - 10 + 5 + 20 =$ _____

Números que faltan:
Más ecuaciones (página 2 de 2)

$35 + 30 + 5 =$ _____ $23 - 10 + 20 - 3 =$ _____

$78 - 30 - 10 - 5 =$ _____ $46 + 5 + 20 =$ _____

$67 + 20 + 10 - 7 =$ _____ $83 - 20 - 8 =$ _____

$15 + 30 + 5 + 9 =$ _____ $100 - 20 - 20 - 5 - 15 =$ _____

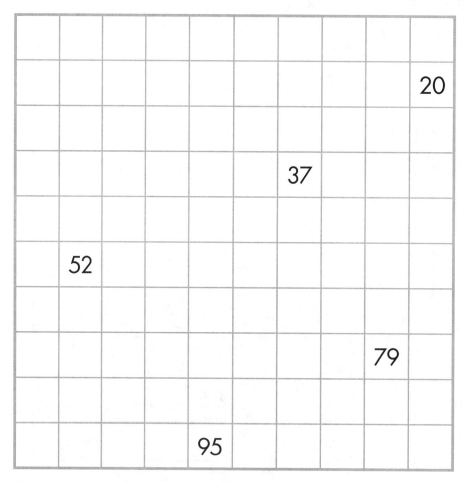

Reto:

$55 + 10 - 25 + 4 =$ _____ $28 + 10 + 15 + 15 + 4 =$ _____

$91 - 10 - 15 - 5 - 8 =$ _____ $62 - 30 - 20 - 5 + 20 =$ _____

¿Tienes $1.00?

Encierra en un círculo SÍ o NO.

NOTA Los estudiantes practican cómo contar dinero y determinar si el total es $1.00.

 19, 20, 21

Tienes estas monedas:	¿Tienes $1.00?
1.	SÍ NO
2.	SÍ NO
3.	SÍ NO
4.	SÍ NO
5.	SÍ NO

Repaso continuo

6. Observa la tabla. ¿Cuántos estudiantes prefieren hacer una excursión a las montañas antes que al mar?

(A) 14   (B) 13   (C) 11   (D) 10

Excursiones favoritas

Montañas	Mar
X X X X	X X X X
X X X X	X X X X
X X X X	X X X
X	

¿Llegaron a 100? (página 1 de 2)

Sally y Jake estaban jugando a *Llegar a 100*.
Suma los números de cada partido para ver
si de verdad llegaron a 100.

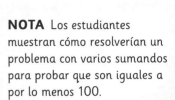

NOTA Los estudiantes
muestran cómo resolverían un
problema con varios sumandos
para probar que son iguales a
por lo menos 100.

 54

Partido 1:

20 + 15 + 10 + 10 + 20 + 5 + 10

¿Llegaron a 100? _____

Si no llegaron, ¿cuánto más necesitan para llegar a 100? _____

Partido 2:

15 + 10 + 15 + 15 + 10 + 5 + 10 + 15 + 5

¿Llegaron a 100? _____

Si no llegaron, ¿cuánto más necesitan para llegar a 100? _____

¿Llegaron a 100? (página 2 de 2)

Partido 3:

10 + 15 + 20 + 10 + 20 + 5 + 10 + 5 + 5

¿Llegaron a 100? _____

Si no llegaron, ¿cuánto más necesitan para llegar a 100? _____

Partido 4:

15 + 10 + 15 + 15 + 10 + 5 + 10 + 5

¿Llegaron a 100? _____

Si no llegaron, ¿cuánto más necesitan para llegar a 100? _____

Llegar a 100

Franco, Kira y Sally están jugando a *Llegar a 100*. Abajo están los números que sacaron. ¿Cuánto tienen hasta ahora? ¿Cuánto más necesitan para llegar a 100? Muestra tu trabajo.

NOTA Los estudiantes practican cómo sumar múltiplos de 5 y determinar a qué distancia de 100 están los totales.

 54, 78–80

Resultado de Kira: $20 + 5 + 35 + 20 + 15$

Total de Kira: _____

Kira necesita _____ para llegar a 100.

Resultado de Franco: $10 + 5 + 25 + 30 + 5 + 10$

Total de Franco: _____

Franco necesita _____ para llegar a 100.

Resultado de Sally: $25 + 25 + 5 + 5 + 25 + 15$

Total de Sally: _____

Sally necesita _____ para llegar a 100.

¿Cuántas decenas? ¿Cuántas unidades?

Gastar $1.00 Hoja de anotaciones

Juega a *Gastar $1.00*. En cada vuelta, escribe
la cantidad que gastas y el total que tienes ahora.

	¿Cuánto gastaste?	¿Cuánto dinero tienes ahora?
Vuelta 1		
Vuelta 2		
Vuelta 3		
Vuelta 4		
Vuelta 5		
Vuelta 6		
Vuelta 7		
Vuelta 8		
Vuelta 9		
Vuelta 10		
Vuelta 11		
Vuelta 12		
Vuelta 13		
Vuelta 14		
Vuelta 15		

Todo por un dólar

1. ¿Cuánto dinero más necesitas
para comprar cada juguete?

NOTA Los estudiantes practican cómo
trabajar con dinero, determinando
la diferencia entre una cantidad y $1.00.

MME **19, 20, 21**

Tienes esta cantidad:	Costo del juguete	Necesitas esta cantidad:
85¢	$1.00	15¢
60¢	$1.00	
30¢	$1.00	
55¢	$1.00	
25¢	$1.00	
90¢	$1.00	
100¢	$1.00	

Repaso continuo

2. ¿Qué combinación **no** forma 12?

Ⓐ 7 + 5   Ⓑ 8 + 4   Ⓒ 9 + 3   Ⓓ 10 + 1 + 0

¿Cuántas pegatinas? (página 1 de 2)

Resuelve cada problema. Muestra tu trabajo y escribe una ecuación.

> **NOTA** Los estudiantes resuelven problemas sobre el quiosco de pegatinas, un tipo de tienda que vende pegatinas en tiras de 10 y sueltas. Estos problemas se enfocan en la suma, la resta y el valor de posición (10, 1).
>
> MME **62–64, 70–72**

1. En el quiosco de pegatinas, Kira compró 6 tiras de diez pegatinas de patinetas y 7 pegatinas sueltas. También compró 3 tiras de diez pegatinas de mariposas y 3 pegatinas sueltas. ¿Cuántas pegatinas compró Kira?

2. Jake fue al quiosco de pegatinas y compró 10 tiras de diez pegatinas de trenes. Le dio 4 tiras de diez y 2 sueltas a Sally. ¿Cuántas pegatinas de trenes le quedan a Jake?

¿Cuántas pegatinas? (página 2 de 2)

3. En el quiosco de pegatinas, Franco compró
10 tiras de diez pegatinas de ranas. Le dio
6 tiras de diez pegatinas de ranas y 6 sueltas
a Jake. ¿Cuántas pegatinas de ranas le
quedan a Franco?

4. Sally fue al quiosco de pegatinas. Compró
7 tiras de diez pegatinas de nubes y
4 pegatinas sueltas. También compró 2 tiras
de diez pegatinas de caballos y 3 sueltas.
¿Cuántas pegatinas compró Sally?

¿Cuántas decenas? ¿Cuántas unidades?   Práctica diaria

Grupos de 10

El Sr. T tiene 83 clips. Tiene que darle 10 clips a cada estudiante para un proyecto que están haciendo. ¿Cuántos estudiantes recibirán 10 clips? ¿Sobra algún clip?

Resuelve el problema. Muestra tu trabajo.

NOTA Los estudiantes usan lo que saben sobre grupos de 10 y 1 para resolver un problema-cuento.

MME **39**

¿Cuántos 5 en 100?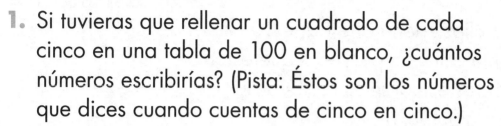

1. Si tuvieras que rellenar un cuadrado de cada cinco en una tabla de 100 en blanco, ¿cuántos números escribirías? (Pista: Éstos son los números que dices cuando cuentas de cinco en cinco.)

¿Cómo averiguaste esto?

2. Si tuvieras que rellenar un cuadrado de cada diez en una tabla de 100 en blanco, ¿cuántos números escribirías? (Pista: Éstos son los números que dices cuando cuentas de diez en diez.)

¿Cómo averiguaste esto?

3. Rellena una tabla de 100 en blanco con los números de contar de cinco en cinco.

¿Cuántas monedas de 5¢? (página 1 de 2)

Resuelve cada problema y explica tu solución.

1. Tengo 50 centavos en el bolsillo. Sólo tengo monedas de 5¢ en el bolsillo. ¿Cuántas monedas de 5¢ tengo?

¿Cuántas monedas de 5¢? (página 2 de 2)

2. **a.** ¿Cuántas monedas de 10¢ hay en 70 centavos?

   b. ¿Cuántas monedas de 5¢ hay en 70 centavos?

3. **a.** ¿Cuántas monedas de 10¢ hay en 65 centavos?

   b. ¿Cuántas monedas de 5¢ hay en 65 centavos?

Múltiplos de 5

Escribe todas las ecuaciones que puedas para formar el número que hay en el recuadro. Usa sólo múltiplos de 5. Puedes usar la suma y la resta.

NOTA Los estudiantes escriben ecuaciones que sean iguales a 75 y 100 usando múltiplos de 5. Hay muchas soluciones posibles.

 38

1. 75

$$25 + 25 + 25 = 75$$
$$10 + 20 + 30 + 10 + 5 = 75$$

2. 100

Patrones para contar salteado (página 1 de 2) ✎

Usa tus tiras para contar salteado para contestar estas preguntas.

1. ¿Qué observas en los números cuando cuentas de dos en dos?

2. ¿Qué observas en los números cuando cuentas de cinco en cinco?

3. ¿Qué observas en los números cuando cuentas de diez en diez?

¿Cuántas decenas? ¿Cuántas unidades?

Patrones para
contar salteado (página 2 de 2)

Resuelve cada problema. Explica tu razonamiento.

1. Kira contó de uno en uno hasta 150.
   ¿Cuántos números escribió?

2. Kira contó de dos en dos hasta 150.
   ¿Cuántos números escribió?

3. Kira contó de cinco en cinco hasta 150.
   ¿Cuántos números escribió?

4. Kira contó de diez en diez hasta 150.
   ¿Cuántos números escribió?

Problemas con monedas (página 1 de 2)

Resuelve cada problema. Muestra tu trabajo y
escribe una ecuación.

1. a. ¿Cuántas monedas de 10¢ hay en 80 centavos?

b. ¿Cuántas monedas de 5¢ hay en 80 centavos?

2. Kira tiene 6 monedas de 10¢ y 8 monedas de 5¢.
¿Cuánto dinero tiene Kira?

Problemas con monedas (página 2 de 2)

3. Jake gastó 35 centavos en un lápiz y 55 centavos en una pelota. ¿Cuánto dinero gastó Jake?

4. Kira tiene un dólar y 20 centavos. Gastó 50 centavos en un globo y 20 centavos en algunas pegatinas. ¿Cuánto dinero gastó Kira? ¿Cuánto dinero le queda?

Contar salteado

Escribe los números que faltan
en las tiras de conteo.

NOTA Los estudiantes practican cómo
contar de 2 en 2, de 5 en 5 y de 10 en 10.

MME **37, 38, 39**

2	5	10	34
4	10	20	36
6	15	30	38

Tiras para contar salteado (página 1 de 2)

Escribe los números que faltan
en las tiras para contar salteado.

NOTA Los estudiantes practican
cómo contar de 1 en 1, de 2 en 2,
de 5 en 5 y de 10 en 10.

 24, 37, 38, 39

76	**8**	**35**	**10**
77	**10**	**40**	**20**
78	**12**	**45**	**30**

Tiras para contar
salteado (página 2 de 2)

83	20	15	18
84	30	20	20
85	40	25	22

¿Cuántas decenas? ¿Cuántas unidades?   Práctica diaria

Problemas con números que faltan

NOTA Los estudiantes practican cómo resolver combinaciones de suma y establecer una secuencia de números hasta 150.

 26

1. Resuelve estos problemas. Escribe los totales en la tabla de 100.

30 + 50 = _____   20 + 35 = _____   110 + 10 = _____

50 + 10 = _____   50 + 40 = _____   90 + 10 + 20 = _____

65 + 10 = _____   20 + 75 = _____   100 + 20 + 20 = _____

2. Completa la tabla de 100 con los otros números que faltan.

51	52	53			56	57		59	
61			64	65			68	69	70
	72		74		76	77	78		
81		83	84		86		88	89	
91	92	93			96	97	98	99	100
101	102			105	106				110
111	112	113		115		117	118	119	
121			124			127			130
	132	133			136		138	139	
	142			145	146	147			150

¡Niños comerciantes!

Jan, Pat y Sara hacen pulseras de la
amistad para vender. Éstos son los precios.

> **NOTA** Los estudiantes resuelven problemas de la vida diaria que incluyen los temas de matemáticas de esta unidad.

	Pulsera de cuerda	5¢
	Pulsera de lana	10¢
	Pulsera de cuentas	20¢

Resuelve cada problema y explica tu solución.

1. Un día, las niñas vendieron 5 pulseras de
cuerda, 2 pulseras de lana y 1 pulsera
de cuentas. ¿Cuánto dinero ganaron?

2. Otro día, ganaron 75¢.

   ¿Qué pulseras pudieron haber vendido?

3. Otro día, ganaron 90¢.

   ¿Qué pulseras pudieron haber vendido?

Complicated Kris Northern

"This image illustrates some of the best qualities of fractals—infinity, reiteration, and self similarity."– **Kris Northern**

Investigations
IN NUMBER, DATA, AND SPACE®
en español

Partes de un entero, partes de un grupo

Linda y Ebony
comparten todo (página 1 de 5)

Linda y Ebony son mellizas que comparten
todo igualmente.

1. Su mamá les dio a Linda y a Ebony
   un sándwich.

   Traza una línea que muestre cuánto obtuvo Linda
   y cuánto obtuvo Ebony.

   Colorea de rojo la mitad de Linda.
   Colorea de azul la mitad de Ebony.

2. Su mamá les trajo a Linda y a Ebony una tira
   de pegatinas.

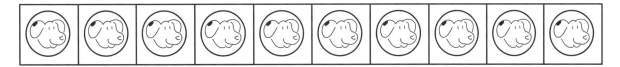

   Colorea de rojo la mitad de Linda.
   Colorea de azul la mitad de Ebony.

   ¿Cuántas pegatinas obtuvo Linda? _____

   ¿Cuántas pegatinas obtuvo Ebony? _____

Linda y Ebony comparten todo (página 2 de 5)

3. Su abuela les dio a Linda y a Ebony un corazón lleno de golosinas.

Traza una línea que muestre cuánto obtuvo Linda y cuánto obtuvo Ebony.

Colorea de rojo la mitad de Linda.
Colorea de azul la mitad de Ebony.

4. Su hermano mayor les dio 18 canicas.

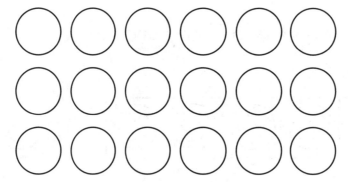

Colorea de rojo la mitad de Linda.
Colorea de azul la mitad de Ebony.

¿Cuántas canicas obtuvo Linda? _____

¿Cuántas canicas obtuvo Ebony? _____

Partes de un entero, partes de un grupo

Linda y Ebony comparten todo (página 3 de 5)

5. Su hermano les trajo una pelota de arcilla.

Traza una línea que muestre cuánto obtuvo Linda
y cuánto obtuvo Ebony.

Colorea de rojo la mitad de Linda.
Colorea de azul la mitad de Ebony.

6. Su amiga les dio a Linda y a Ebony 28 bloques.

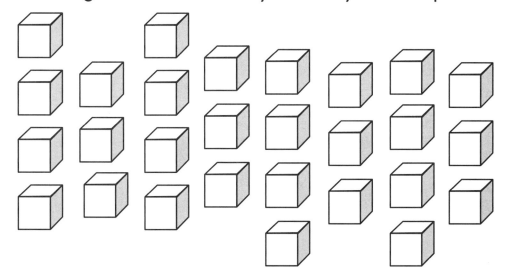

Colorea de rojo la mitad de Linda.
Colorea de azul la mitad de Ebony.

¿Cuántos bloques obtuvo Linda? _____

¿Cuántos bloques obtuvo Ebony? _____

Partes de un entero, partes de un grupo

Linda y Ebony comparten todo (página 4 de 5)

7. Su abuelo les trajo un hexágono lleno de golosinas.

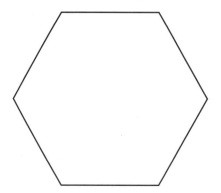

Traza una línea que muestre cuánto obtuvo Linda y cuánto obtuvo Ebony.

Colorea de rojo la mitad de Linda.
Colorea de azul la mitad de Ebony.

8. Su amiga les dio a Linda y a Ebony 32 estrellas.

Colorea de rojo la mitad de Linda.
Colorea de azul la mitad de Ebony.

¿Cuántas estrellas obtuvo Linda? _____

¿Cuántas estrellas obtuvo Ebony? _____

Linda y Ebony comparten todo (página 5 de 5)

9. Su tío les trajo un triángulo lleno de golosinas.

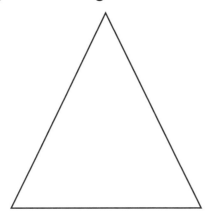

Traza una línea que muestre cuánto obtuvo
Linda y cuánto obtuvo Ebony.

Colorea de rojo la mitad de Linda.
Colorea de azul la mitad de Ebony.

10. Su tía les dio a Linda y a Ebony 40 caritas felices.

Colorea de rojo la mitad de Linda.
Colorea de azul la mitad de Ebony.

¿Cuántas caritas felices obtuvo Linda? _____

¿Cuántas caritas felices obtuvo Ebony? _____

¿Cuántos?

En la clase del Sr. G hay 22 estudiantes.
Él tiene 48 globos.

NOTA Los estudiantes usan lo que saben sobre grupos de 2 para resolver un problema-cuento.

 35–36, 37

El Sr. G quiere dar 2 globos a
cada estudiante.

1. ¿Obtendrá 2 globos cada estudiante?   SÍ   NO

2. ¿Sobra algún globo?   SÍ   NO

3. Resuelve el problema. Muestra tu trabajo.

Partes de un entero, partes de un grupo

Construye el Geoblock (página 1 de 2)

1. Une los Geoblocks para construir este bloque.

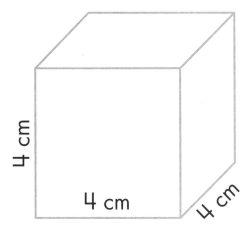

4 cm
4 cm
4 cm

¿Es cada parte la mitad? _____

2. Une los Geoblocks para construir este bloque.

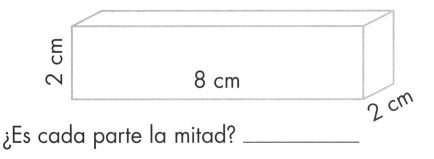

2 cm
8 cm
2 cm

¿Es cada parte la mitad? _____

3. Une los Geoblocks para construir este bloque.

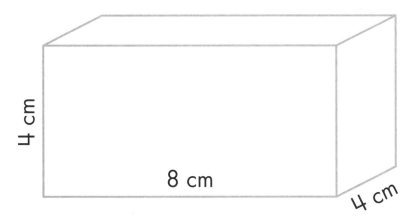

4 cm
8 cm
4 cm

¿Es cada parte la mitad? _____

Construye el Geoblock (página 2 de 2)

4. Une los Geoblocks para construir este bloque.

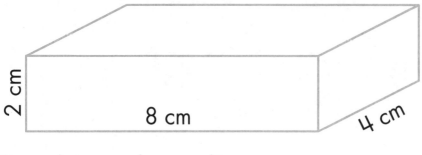

¿Es cada parte la mitad? _____

---

5. Une los Geoblocks para construir este bloque.

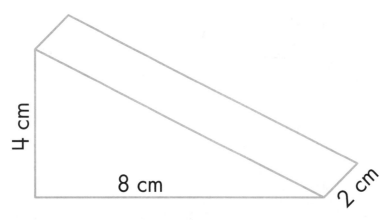

¿Es cada parte la mitad? _____

---

6. Une los Geoblocks para construir este bloque.

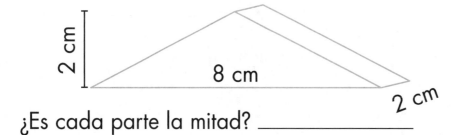

¿Es cada parte la mitad? _____

Partes de un entero, partes de un grupo

Grupos de globos (página 1 de 2)

El sábado Linda y Ebony tendrán un cumpleaños.
Algunos de sus amigos y parientes les envían
globos de cumpleaños antes. Cada día, Linda y
Ebony comparten igualmente los globos que llegan.

1. El lunes llegan 7 globos.

   ¿Puede obtener cada niña el mismo número

   de globos? _____

   ¿Cuántos globos obtiene Linda? _____

   ¿Cuántos globos obtiene Ebony? _____

2. El martes llegan 8 globos.

   ¿Puede obtener cada niña el mismo número

   de globos? _____

   ¿Cuántos globos obtiene Linda? _____

   ¿Cuántos globos obtiene Ebony? _____

3. El miércoles llegan 14 globos.

   ¿Puede obtener cada niña el mismo número

   de globos? _____

   ¿Cuántos globos obtiene Linda? _____

   ¿Cuántos globos obtiene Ebony? _____

Grupos de globos (página 2 de 2)

4. El jueves llegan 11 globos.

¿Puede obtener cada niña el mismo número

de globos? _____

¿Cuántos globos obtiene Linda? _____

¿Cuántos globos obtiene Ebony? _____

5. El viernes llegan 20 globos.

¿Puede obtener cada niña el mismo número

de globos? _____

¿Cuántos globos obtiene Linda? _____

¿Cuántos globos obtiene Ebony? _____

6. El sábado dicen "¡Es difícil saber de quién es cada globo!" Entonces, ponen todos los globos juntos y los suman.

¿Cuántos globos llegaron esa semana? _____

¿Puede obtener cada niña el mismo número

de globos? _____

¿Cuántos globos obtiene Linda? _____

¿Cuántos globos obtiene Ebony? _____

Partes de un entero, partes de un grupo

Compartir monedas de 1¢ (página 1 de 2)

Linda y Ebony colocan todas las monedas de 1¢ que
ahorran en una jarra. A veces vacían la jarra, cuentan
las monedas y calculan cómo compartirlas igualmente.
Después colocan las monedas de vuelta en la jarra.

1. El lunes, las niñas cuentan 14 monedas de 1¢ en su jarra.

   ¿Puede cada niña obtener el mismo número
   de monedas de 1¢? _____

   ¿Cuántas monedas obtiene Linda? _____

   ¿Cuántas monedas obtiene Ebony? _____

2. El martes, encuentran 7 monedas de 1¢ más
   y las agregan a la jarra. Cuentan todas las
   monedas de 1¢ que hay en la jarra.

   ¿Puede cada niña obtener el mismo número
   de monedas de 1¢? _____

   ¿Cuántas monedas obtiene Linda? _____

   ¿Cuántas monedas obtiene Ebony? _____

3. El miércoles, su hermana les da 9 monedas
   de 1¢. Las colocan en la jarra.

   ¿Puede cada niña obtener el mismo número
   de monedas de 1¢? _____

   ¿Cuántas monedas obtiene Linda? _____

   ¿Cuántas monedas obtiene Ebony? _____

Partes de un entero, partes de un grupo

Compartir monedas de 1¢ (página 2 de 2)

4. El jueves, su madre agregó 6 monedas de 1¢ a la jarra.

¿Puede cada niña obtener el mismo número

de monedas de 1¢? _____

¿Cuántas monedas obtiene Linda? _____

¿Cuántas monedas obtiene Ebony? _____

5. El viernes, su padre colocó 18 monedas de 1¢ en la jarra.

¿Puede cada niña obtener el mismo número

de monedas de 1¢? _____

¿Cuántas monedas obtiene Linda? _____

¿Cuántas monedas obtiene Ebony? _____

6. El sábado, contaron todas las monedas de 1¢.

¿Cuántas monedas de 1¢ tienen? _____

Muestra tu trabajo.

Después llevan las monedas de 1¢ a la tienda.
¿Qué piensas que compran con las monedas de 1¢?

_____

_____

Partes de un entero, partes de un grupo   Práctica diaria

Mitades y no mitades

Colorea la figura si la línea muestra mitades.

NOTA Los estudiantes determinan qué figuras se dividen en mitades por la línea dada.

MME 84, 86

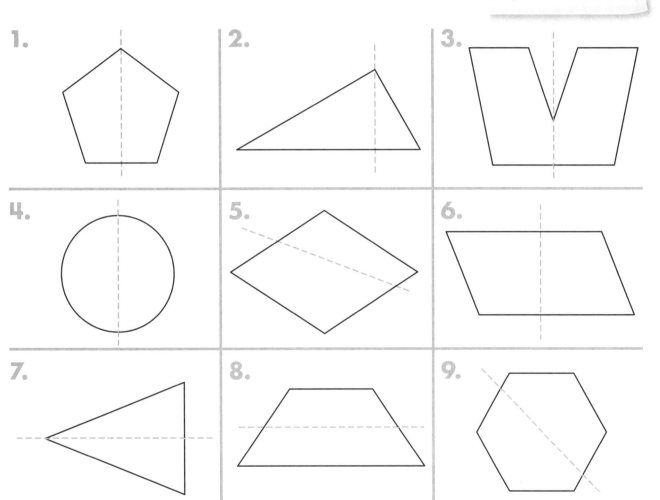

1.

2.

3.

4.

5.

6.

7.

8.

9.

Repaso continuo

10. ¿Qué ecuación describe los grupos de puntos?

(A) $5 + 5 = 10$ (C) $5 + 6 = 11$

(B) $2 + 5 = 7$ (D) $4 + 4 = 8$

Mitades y no mitades
de rectángulos (página 1 de 2)

Usa Sección A aquí.

¿Es la Sección A $\frac{1}{2}$ de este rectángulo? _____

¿Qué parte es más grande, o son las 2 partes iguales? _____

Usa Sección B aquí.

¿Es la Sección B $\frac{1}{2}$ de este rectángulo? _____

¿Qué parte es más grande, o son las 2 partes iguales? _____

Usa Sección C aquí.

¿Es la Sección C $\frac{1}{2}$ de este rectángulo? _____

¿Qué parte es más grande, o son las 2 partes iguales? _____

Mitades y no mitades
de rectángulos (página 2 de 2)

Usa Sección D aquí.

¿Es la Sección D $\frac{1}{2}$ de este

rectángulo? _____

¿Qué parte es más grande, o son

las 2 partes iguales? _____

Usa Sección E aquí.

¿Es la Sección E $\frac{1}{2}$ de este

rectángulo? _____

¿Qué parte es más grande, o son

las 2 partes iguales? _____

Usa Sección F aquí.

¿Es la Sección F $\frac{1}{2}$ de este

rectángulo? _____

¿Qué parte es más grande, o son

las 2 partes iguales? _____

Quiosco de pegatinas

Franco fue al quiosco de pegatinas.

Compró 4 tiras de 10 y 7 pegatinas sueltas de pescaditos.

Después compró 3 tiras de 10 y 3 pegatinas sueltas de botes.

¿Cuántas pegatinas compró Franco?

Resuelve el problema. Muestra tu trabajo.
Escribe una ecuación.

> **NOTA** Los estudiantes usan lo que saben sobre grupos de 10 y grupos de 1 para resolver un problema-cuento.
>
> MME 65–66

Ir de picnic (página 1 de 2)

Linda y Ebony van de picnic, por eso su mamá
les preparó un almuerzo.

1. Tienen 3 sándwiches. Comparten los sándwiches
   equitativamente. ¿Cuántos sándwiches obtiene
   cada niña?

2. Tienen 5 trozos de queso. Comparten el queso
   equitativamente. ¿Cuántos trozos de queso
   obtiene cada niña?

3. Tienen 9 fresas. Comparten las fresas
   equitativamente. ¿Cuántas fresas obtiene
   cada niña?

4. Tienen 11 palitos de zanahoria. Comparten los
   palitos de zanahoria equitativamente. ¿Cuántos
   palitos de zanahoria obtiene cada niña?

5. Tienen 7 ramas de apio. Comparten las ramas
   de apio equitativamente. ¿Cuántas ramas de
   apio obtiene cada niña?

Partes de un entero, partes de un grupo

Ir de picnic (página 2 de 2)

6. Linda y Ebony tienen 15 maníes. Comparten los maníes equitativamente. ¿Cuántos maníes obtiene cada niña?

7. Tienen 21 galletas saladas. Comparten las galletas saladas equitativamente. ¿Cuántas galletas saladas obtiene cada niña?

8. Tienen 27 moras. Comparten las moras equitativamente. ¿Cuántas moras obtiene cada niña?

9. Para el postre comparten una bolsa de pasas. Hay 39 pasas. Comparten las pasas equitativamente. ¿Cuántas pasas obtiene cada niña?

Partes de un entero, partes de un grupo   Práctica diaria

Comprar pegatinas

Sally y Franco compran pegatinas
en un quiosco de pegatinas.

NOTA Los estudiantes usan su conocimiento de monedas y de contar de 5 en 5 y de 10 en 10 para resolver problemas sobre dinero.

MME 19, 38, 39

1. Las pegatinas de Franco cuestan 75¢.
   Sólo tiene monedas de 5¢ en su bolsillo.
   ¿Cuántas monedas de 5¢ necesita
   para comprar sus pegatinas?

   Resuelve el problema. Muestra tu trabajo.

2. Las pegatinas de Sally cuestan 80¢.
   Tiene 9 monedas de 10¢ en su bolsillo.
   ¿Tiene Sally suficiente cantidad
   de monedas de 10¢ para comprar
   sus pegatinas?   Sí   No

   ¿Cómo lo sabes?

¿Cuántas mitades?

Traza una línea recta para dividir cada figura por la mitad. Encierra en un círculo las figuras que no pueden dividirse por la mitad con una línea.

NOTA Los estudiantes han estado hallando mitades de objetos y conjuntos. Algunas figuras no pueden dividirse por la mitad y otras pueden dividirse por la mitad en más de una manera.

 84, 86

1.

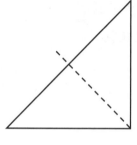

2.

3.

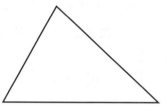

4.

5.

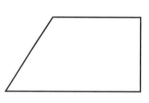

6.

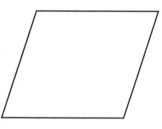

7.

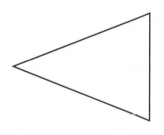

8.

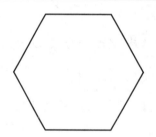

9.

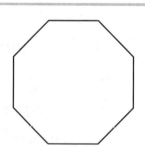

Repaso continuo

10. ¿Qué número sigue?

1, 3, 5, 7, 9, _____

9   10   11   12

Ⓐ   Ⓑ   Ⓒ   Ⓓ

Mitades de grupos

Resuelve cada problema. Muestra tu trabajo.

NOTA Los estudiantes usan lo que han estado aprendiendo sobre fracciones para dividir grupos de personas y conjuntos de objetos en mitades.

 86

1. Hay 20 estudiantes en el parque. La mitad de ellos son varones. ¿Cuántos varones hay en el parque?

2. Kira tenía 24 flores. Le dio la mitad de ellas a su mamá. ¿Cuántas flores le dio Kira a su mamá? ¿Cuántas flores le sobraron?

3. Doce amigos fueron al cine. La mitad de ellos se sentó en la primera fila y la otra mitad en la fila del medio. ¿Cuántos amigos se sentaron en la primera fila?

4. Franco tenía $30.00. Gastó la mitad de su dinero en una nueva pelota de fútbol. ¿Cuánto dinero gastó?

Partes de un entero, partes de un grupo

Banderas de fracciones (página 1 de 4)

Colorea cada parte de la bandera de un color
diferente. Después escribe qué fracción de la
bandera es cada color.

Bandera 1

_____

_____

_____

Bandera 2

_____

_____

Bandera 3

_____

_____

_____

Partes de un entero, partes de un grupo

Banderas de fracciones (página 2 de 4)

Colorea cada parte de la bandera de un color
diferente. Después escribe qué fracción de la
bandera es cada color.

Bandera 4

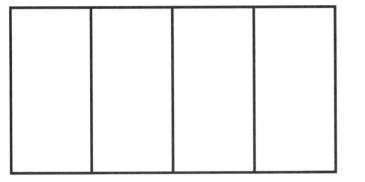

_____

_____

_____

_____

Bandera 5

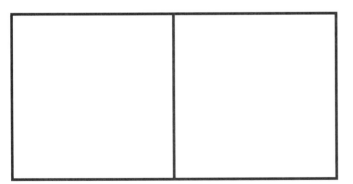

_____

_____

Bandera 6

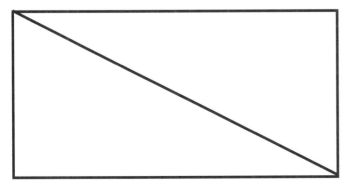

_____

_____

Banderas de fracciones (página 3 de 4)

Colorea cada parte de la bandera de un color
diferente. Después escribe qué fracción de la
bandera es cada color.

Bandera 7

_____

_____

_____

Bandera 8

_____

_____

_____

Bandera 9

_____

_____

_____

Banderas de fracciones (página 4 de 4)

Colorea cada parte de la bandera de un color diferente. Después escribe qué fracción de la bandera es cada color.

Bandera 10

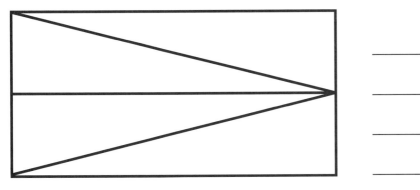

Bandera 11

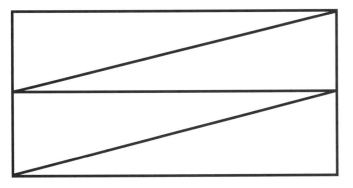

Bandera 12

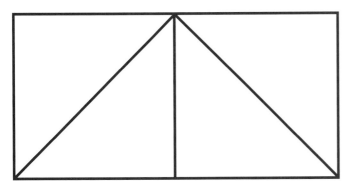

Partes de un entero, partes de un grupo   Práctica diaria

¿Qué hora es?

Mira cada reloj y escribe la hora digital
y la hora en palabras.

> **NOTA** Los estudiantes practican
> cómo decir la hora hasta la hora
> en punto, la media hora y el
> cuarto de hora.
>
> MME **137–138, 139, 140**

Ejemplo:

$1:30$

la una y media

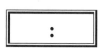

_____

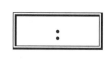

_____

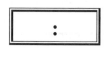

_____

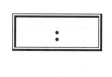

_____

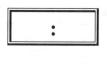

_____

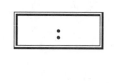

_____

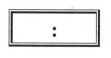

_____

Partes de un entero, partes de un grupo

Más fracciones (página 1 de 4)

Colorea cada parte de la bandera de un color diferente.
Después escribe qué fracción de la bandera es cada color.

1.

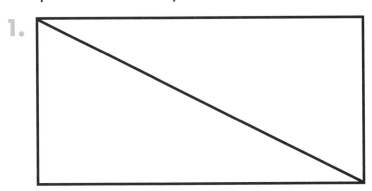

_____

2.

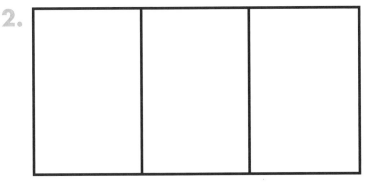

_____

_____

3.

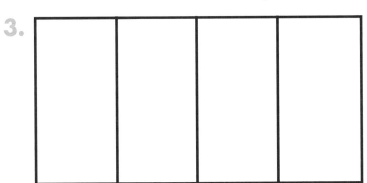

_____

_____

_____

_____

4.

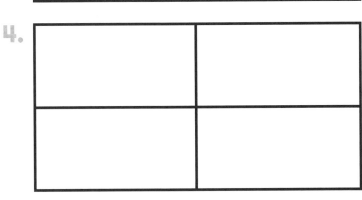

_____

_____

_____

Más fracciones (página 2 de 4)

Colorea cada parte de la bandera de un color diferente.
Después escribe qué fracción de la bandera es cada color.

5.

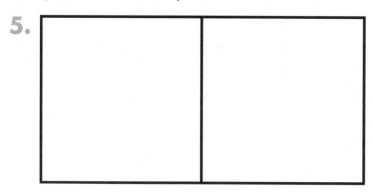

_____

_____

6.

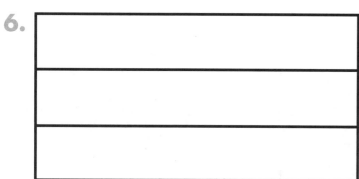

_____

_____

_____

7.

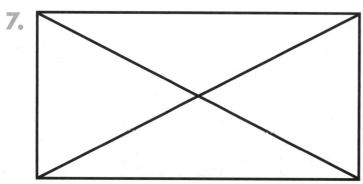

_____

_____

_____

_____

8.

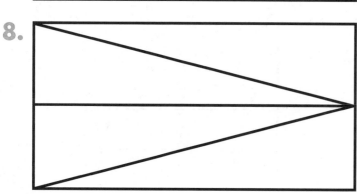

_____

_____

_____

Partes de un entero, partes de un grupo

Más fracciones (página 3 de 4)

Colorea cada parte de la bandera de un color diferente.
Después escribe qué fracción de la bandera es cada color.

9.

_____

10.

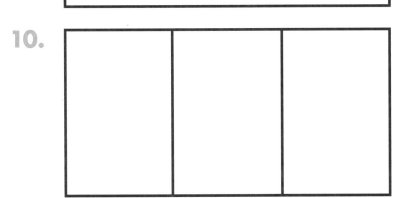

_____

_____

_____

11.

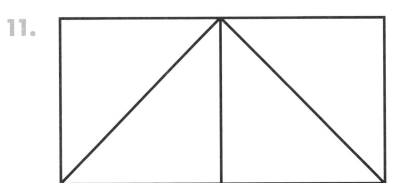

_____

_____

_____

_____

12.

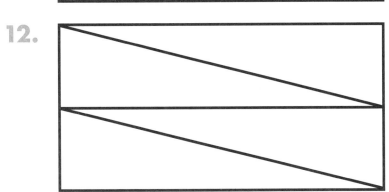

_____

_____

_____

_____

Partes de un entero, partes de un grupo

Más fracciones (página 4 de 4)

Colorea cada parte de la bandera de un color diferente.
Después escribe qué fracción de la bandera es cada color.

13.

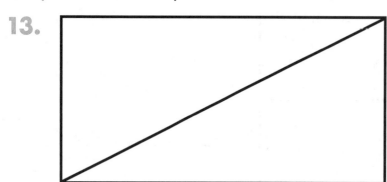

_____

_____

14.

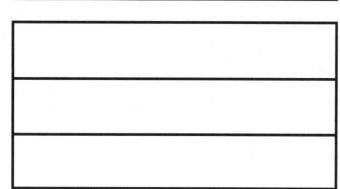

_____

_____

15.

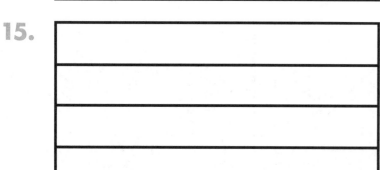

_____

_____

_____

16.

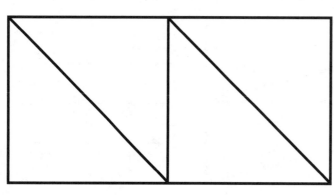

_____

_____

_____

Partes de un entero, partes de un grupo

El número de hoy

Encierra en un círculo todos los problemas que son iguales a "El número de hoy".

NOTA Los estudiantes determinan qué expresiones son iguales a "El número de hoy".

MME 55, 56

El número de hoy es <u>20</u>.

$7 + 3 + 6 + 4$	$31 - 10$
$4 + 2 + 4 + 4 + 3 + 1$	$41 - 19$
$37 - 17$	$15 + 2 + 6$
$46 - 26$	$14 + 3 + 3$
$10 + 9 + 1$	$7 + 8 + 9 + 1$

¡Coloréalos!

En cada caja, muestra 2 maneras de dibujar cuartos. Colorea cada cuarto de un color diferente.

> **NOTA** Los estudiantes usan 3 ó 4 colores para ilustrar tercios y cuartos de rectángulos de 2 maneras.
>
> MME **84, 87, 90**

1.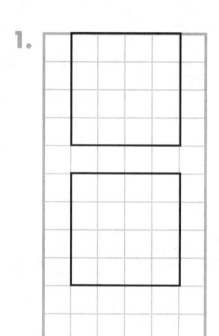

2.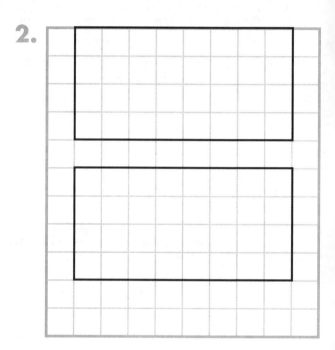

Muestra 2 maneras de dibujar tercios. Colorea cada tercio de un color diferente.

3.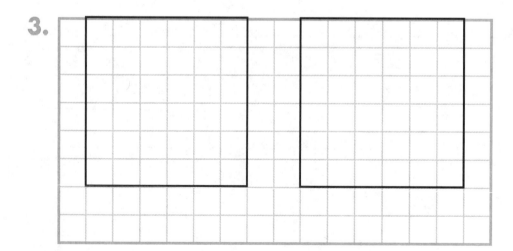

Partes de un entero, partes de un grupo

Juegos entre amigos (página 1 de 2)

Linda, Ebony y Kira están jugando juntas.

1. La mamá de Kira les dio 24 maníes. Cada niña
   obtiene un tercio de los maníes.
   ¿Cuántos maníes obtiene cada niña? _____

   ¿Cómo lo averiguaste?

2. Las niñas tienen 15 pegatinas. Cada niña
   obtiene un tercio de las pegatinas.
   ¿Cuántas pegatinas obtiene cada niña? _____

   ¿Cómo lo averiguaste?

3. Las niñas juegan un partido con 30 tarjetas.
   Cada niña obtiene un tercio de las tarjetas.
   ¿Cuántas tarjetas obtiene cada niña? _____

   ¿Cómo lo averiguaste?

Juegos entre amigos (página 2 de 2)

Jake, Bob, Tim y David están jugando juntos.

4. La mamá de Jake les dio 32 maníes. Cada niño
   obtiene un cuarto de los maníes.
   ¿Cuántos maníes obtiene cada niño? _____

   ¿Cómo lo averiguaste?

5. Los niños tienen 24 pegatinas. Cada niño
   obtiene un cuarto de las pegatinas.
   ¿Cuántas pegatinas obtiene cada niño? _____

   ¿Cómo lo averiguaste?

6. Los niños juegan un partido con 28 tarjetas.
   Cada niño obtiene un cuarto de las tarjetas.
   ¿Cuántas tarjetas obtiene cada niño? _____

   ¿Cómo lo averiguaste?

Compartir el almuerzo

Resuelve cada problema. Muestra tu trabajo.

1. Jake, Bob, Tim y David están almorzando juntos.
   La mamá de Jake saca 6 palitos de zanahoria para
   que los compartan. Cada niño obtiene un cuarto
   de 6 palitos de zanahoria.
   ¿Cuántos palitos de zanahoria obtiene cada niño? _____

   ¿Cómo lo averiguaste?

2. La mamá de Jake saca 7 sándwiches para que los
   niños los compartan. Cada niño obtiene un cuarto
   de 7 sándwiches.
   ¿Cuántos sándwiches obtiene cada niño? _____

   ¿Cómo lo averiguaste?

3. La mamá de Jake saca 9 porciones de manzana
   para que los niños las compartan. Cada niño
   obtiene un cuarto de 9 porciones.
   ¿Cuántas porciones obtiene cada niño? _____

   ¿Cómo lo averiguaste?

Mitades, tercios y cuartos de grupos

Resuelve cada problema. Muestra tu trabajo.

> **NOTA** Los estudiantes usan lo que han estado aprendiendo sobre fracciones para dividir grupos de personas y conjuntos de objetos en mitades, tercios y cuartos.
>
> **MME** 86, 87, 90

1. En la clase hay 28 estudiantes.
   La mitad de los estudiantes son niñas.
   ¿Cuántas estudiantes son niñas?

2. Sally tenía $12.00. Usó un cuarto de su dinero para comprar el almuerzo. ¿Cuánto costó su almuerzo?

3. Jake tiene 9 conchas. Le da un tercio de sus conchas a Franco. ¿Cuántas conchas le dio Jake a Franco? ¿Cuántas conchas le quedan a Jake?

4. En la tienda hay 26 personas. La mitad de ellas son niños. ¿Cuántos niños hay en la tienda?

Las fracciones a nuestro alrededor

NOTA Los estudiantes identifican fracciones en objetos de la vida diaria.

MME 84, 86, 87, 90, 92

1. Justin prepara un sándwich de queso.
Sus tres hermanos quieren probarlo.
Traza líneas que muestren cómo Justin
corta el sándwich para poder compartirlo
equitativamente con todos sus hermanos.

2. La tía Courtney corta una torta.

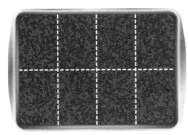

¿Está la torta cortada en tercios, cuartos u octavos?

3. La clase de Jeff pide pizza para el almuerzo.
Cuando terminan, sobran $2\frac{3}{4}$ pizzas. Colorea la
pizza que sobra.

4. ¿Qué fracción de la pizza comió la clase?
Explica cómo lo sabes.

Complicated Kris Northern

"This image illustrates some of the best qualities of fractals—infinity, reiteration, and self similarity." – **Kris Northern**

Investigations
IN NUMBER, DATA, AND SPACE®
en español

Parejas, equipos y clips

Parejas, equipos y clips

Problemas sobre dos grupos (página 1 de 2)

Resuelve los problemas. Muestra tu trabajo.

1. 12 niños de la sala A quieren jugar a la pelota.
   10 niños de la sala B quieren jugar también.
   ¿Pueden formar 2 equipos iguales?

   ¿Cuántas personas habrá en cada equipo? _____

2. La clase de la Srta. Todd va a jugar un juego en
   parejas. Hay 12 niños y 10 niñas. ¿Pueden todos
   tener pareja?

   ¿Cuántas parejas habrá? _____

3. En la clase del Sr. Fox hay 12 niñas y 11 niños.
   ¿Pueden todos tener pareja?

   ¿Cuántas parejas habrá? _____

Problemas sobre dos grupos (página 2 de 2)

Resuelve los problemas. Muestra tu trabajo.

4. 16 niños de la sala A quieren jugar al fútbol.
   11 niños de la sala B quieren jugar también.
   ¿Pueden formar 2 equipos iguales?

   ¿Cuántas personas habrá en cada equipo? _____

5. En el recreo 17 niñas quieren jugar al béisbol.
   13 niños quieren jugar también. ¿Pueden formar
   2 equipos iguales?

   ¿Cuántas personas habrá en cada equipo? _____

6. La clase de la Sra. Ortega tiene 15 niñas y
   15 niños. ¿Pueden todos tener pareja?

   ¿Cuántas parejas habrá? _____

En el parque de diversiones

Resuelve cada problema. Muestra tu trabajo.

> **NOTA** Los estudiantes determinan qué números pueden y qué números no pueden formar grupos iguales de 2 ó 2 equipos iguales.
>
> **MME** 41–42

1. 6 niñas y 7 niños quieren ir juntos a la montaña rusa. ¿Pueden todos tener pareja con quien ir?

   ¿Cuántas parejas habrá? _____

2. Dos grupos pueden ir a la casa encantada al mismo tiempo. Hay 26 niños en fila. ¿Pueden formar dos grupos iguales?

   ¿Cuántas personas habrá en cada grupo? _____

Repaso continuo

3. David tiene 13 mascotas. Algunas son ratones y otras son hámsters. ¿Cuántas de las 13 mascotas de David podrían ser ratones?

   ¿Qué respuesta **no** podría ser correcta?

   (A) 12   (B) 11   (C) 1   (D) 0

Números que faltan

Escribe los números que faltan
en las tiras de conteo.

NOTA Los estudiantes practican
cómo contar salteado en grupos de 2,
de 5 y de 10.

 37, 38, 39

112		**160**
114		
	125	**140**
		130
122	**140**	
124	**145**	
		90

Parejas y equipos (página 1 de 2)

Resuelve cada problema. Muestra tu trabajo.

NOTA Los estudiantes piensan en números que pueden y que no pueden formar grupos de 2 ó 2 equipos iguales.

MME 41–42

1. La clase de la Sra. Abel tiene 10 niños y 9 niñas. ¿Pueden todos tener pareja?

   ¿Cuántas parejas habrá? _____

2. 11 niñas quieren jugar a la pelota. 7 niños quieren jugar también. ¿Pueden formar 2 equipos iguales?

   ¿Cuántas personas habrá en cada equipo? _____

Parejas y equipos (página 2 de 2)

Resuelve cada problema. Muestra tu trabajo.

3. El Sr. Yoshi tiene 9 niñas y 7 niños en su clase.
¿Pueden todos tener pareja?

¿Cuántas parejas habrá? _____

4. Hay 8 niños y 11 niñas que quieren jugar al
fútbol. ¿Pueden formar 2 equipos iguales?

¿Cuántas personas habrá en cada equipo? _____

Parejas, equipos y clips

¿Puedes formar... ? (página 1 de 2)

El número de hoy es 24.

1. ¿Es 24 par o impar? _____

2. ¿Puedes formar 24 con dos números PARES?

   _____ + _____ = 24   _____ + _____ = 24

   Si piensas que no puedes, explica por qué:

   _____

   _____

3. ¿Puedes formar 24 con dos números IMPARES?

   _____ + _____ = 24   _____ + _____ = 24

   Si piensas que no puedes, explica por qué:

   _____

   _____

4. ¿Puedes formar 24 con un número PAR y un número IMPAR?

   _____ + _____ = 24   _____ + _____ = 24

   Si piensas que no puedes, explica por qué:

   _____

   _____

Parejas, equipos y clips

¿Puedes formar... ? (página 2 de 2)

El número de hoy es 23.

5. ¿Es 23 par o impar? _____

6. ¿Puedes formar 23 con dos números PARES?

_____ + _____ = 23   _____ + _____ = 23

Si piensas que no puedes, explica por qué:

_____

_____

7. ¿Puedes formar 23 con dos números IMPARES?

_____ + _____ = 23   _____ + _____ = 23

Si piensas que no puedes, explica por qué:

_____

_____

8. ¿Puedes formar 23 con un número PAR y un número IMPAR?

_____ + _____ = 23   _____ + _____ = 23

Si piensas que no puedes, explica por qué:

_____

_____

Parejas, equipos y clips

¿Qué sucede cuando... ? (página 1 de 3)

¿Qué sucede cuando sumas dos números IMPARES?

1. Intenta hacer lo siguiente:

9 + 9 = _____   ¿Es la respuesta par o impar? _____

11 + 7 = _____   ¿Es la respuesta par o impar? _____

15 + 23 = _____   ¿Es la respuesta par o impar? _____

2. Ahora intenta hacer algunos por tu cuenta:

_____ + _____ = _____   ¿Es la respuesta par o impar? _____

_____ + _____ = _____   ¿Es la respuesta par o impar? _____

_____ + _____ = _____   ¿Es la respuesta par o impar? _____

3. ¿Qué obtienes cuando sumas dos números IMPARES?

_____

4. ¿Crees que esto es **siempre** cierto? _____

5. ¿Por qué lo crees? _____

_____

_____

¿Qué sucede cuando... ? (página 2 de 3)

¿Qué sucede cuando sumas dos números PARES?

6. Intenta hacer lo siguiente:

   $8 + 8 =$ _____   ¿Es la respuesta par o impar? _____

   $12 + 6 =$ _____   ¿Es la respuesta par o impar? _____

   $14 + 20 =$ _____   ¿Es la respuesta par o impar? _____

7. Ahora intenta hacer algunos por tu cuenta:

   _____ + _____ = _____ ¿Es la respuesta par o impar? _____

   _____ + _____ = _____ ¿Es la respuesta par o impar? _____

   _____ + _____ = _____ ¿Es la respuesta par o impar? _____

8. ¿Qué obtienes cuando sumas dos números PARES?

   _____

9. ¿Crees que esto es **siempre** cierto? _____

10. ¿Por qué lo crees? _____

    _____

    _____

Parejas, equipos y clips

¿Qué sucede cuando… ? (página 3 de 3)

¿Qué sucede cuando sumas un número PAR y un número IMPAR?

11. Intenta hacer lo siguiente:

8 + 7 = _____   ¿Es la respuesta par o impar? _____

11 + 6 = _____   ¿Es la respuesta par o impar? _____

14 + 23 = _____   ¿Es la respuesta par o impar? _____

12. Ahora intenta hacer algunos por tu cuenta:

_____ + _____ = _____ ¿Es la respuesta par o impar? _____

_____ + _____ = _____ ¿Es la respuesta par o impar? _____

_____ + _____ = _____ ¿Es la respuesta par o impar? _____

13. ¿Qué obtienes cuando sumas un número PAR y un número IMPAR?

_____

14. ¿Crees que esto es **siempre** cierto? _____

15. ¿Por qué lo crees? _____

_____

_____

Decir la hora

Mira cada reloj. Anota la hora. Anota y
dibuja qué hora será en 1 hora. Escribe
la hora en palabras.

NOTA Los estudiantes
practican cómo decir, anotar
y determinar qué hora será
hasta el cuarto de hora.

MME **137–138, 140, 141**

¿Qué hora es ahora?	¿Qué hora será en una hora?
: nueve y cuarto	:
:	:
:	:
:	:
:	:

Sumar números pares e impares (página 1 de 2)

NOTA Los estudiantes investigan lo que sucede cuando suman dos números pares o dos números impares.

MME 41–42

Resuelve cada problema. Encierra en un círculo PAR o IMPAR para cada respuesta.

1. $6 + 8 =$ _____   PAR   IMPAR

2. $12 + 4 =$ _____   PAR   IMPAR

3. $16 + 20 =$ _____   PAR   IMPAR

Responde a cada pregunta. Explica lo que piensas.

4. ¿Qué sucede cuando sumas dos números pares?

_____

_____

_____

5. ¿Es esto cierto para dos números pares **cualesquiera?**

6. Explica (o muestra) **por qué** esto es cierto.

Sumar números pares
e impares (página 2 de 2)

Resuelve cada problema. Encierra en un círculo
PAR o IMPAR para cada respuesta.

7. $7 + 9 =$ _____   PAR   IMPAR

8. $13 + 5 =$ _____   PAR   IMPAR

9. $15 + 21 =$ _____   PAR   IMPAR

Responde a cada pregunta. Explica lo que piensas.

10. ¿Qué sucede cuando sumas dos números impares?

_____

_____

_____

11. ¿Es esto cierto para dos números impares **cualesquiera?**

12. Explica (o muestra) **por qué** esto es cierto.

Parejas, equipos y clips   Práctica diaria

¿Par o impar?

¿La suma será par o impar?
Encierra en un círculo una palabra.
Resuelve el problema para comprobar
tu respuesta.

NOTA Los estudiantes usan lo que saben
sobre sumar números pares e impares para
determinar si las sumas serán pares o
impares. También practican combinaciones
de suma.

MME 41–42

	¿La suma será par o impar?	¿Cuál es la suma?
1. 2 + 4	PAR IMPAR	
2. 6 + 3	PAR IMPAR	
3. 8 + 7	PAR IMPAR	
4. 9 + 2	PAR IMPAR	
5. 6 + 6	PAR IMPAR	

Repaso continuo

6. ¿Cuántos botes hay?

(A) 19

(B) 20

(C) 21

(D) 22

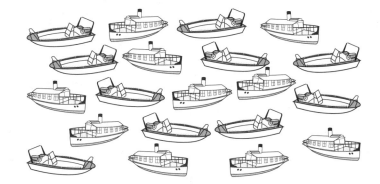

Parejas, equipos y clips

¿Cuánto dinero?

¿Cuánto dinero tiene cada estudiante?
¿Cuánto más necesita cada uno para
formar $1.00?

NOTA Los estudiantes practican
cómo contar dinero y determinar la
diferencia entre una cantidad y $1.00.

 19, 20, 21

1.

Kira tiene _____.

Necesita _____
para formar $1.00.

2.

Franco tiene _____.

Necesita _____
para formar $1.00.

3.

Jake tiene _____.

Necesita _____
para formar $1.00.

4.

Sally tiene _____.

Necesita _____
para formar $1.00.

BINGO:
Más 9 ó 10 Tablero

NOTA Este juego permite practicar con combinaciones de suma de más 9 y más 10.

 **51, 52, J11**

9	10	11	12	13	14
15	16	17	18	19	20
20	19	18	17	16	15
14	13	12	11	10	9
9	10	11	12	13	14
15	16	17	18	19	20

Parejas, equipos y clips   Práctica diaria

Restar decenas

Resuelve estos problemas. Llena las respuestas en la tabla de 100 de abajo.

> **NOTA** Los estudiantes practican cómo restar 10 y múltiplos de 10 y cómo poner números del 1 al 100 en secuencia.
>
> 24

1. 43 − 10 = ___   **2.** 54 − 20 = ___   **3.** 95 − 50 = ___

4. 37 − 20 = ___   **5.** 67 − 30 = ___   **6.** 49 − 20 = ___

7. 22 − 10 = ___   **8.** 86 − 30 = ___   **9.** 64 − 40 = ___

10. Llena los números que faltan en la tabla de 100.

		3			6				10
				15				19	
21				25	26				
		33			36		38		
	42		44					49	50
	52			55		57			
			64				68		
71				75		77			80
		83			86			89	
91					96				

Parejas, equipos y clips

Las otras combinaciones (página 1 de 2)

Elige 3 pares de problemas que te cueste recordar.

> **NOTA** Los estudiantes están hallando maneras de recordar hechos que les cuesta recordar. Pídale a su niño(a) que le explique cómo ayudan las pistas.
>
> **53**

3 + 5 5 + 3	4 + 7 7 + 4	3 + 8 8 + 3	5 + 8 8 + 5
3 + 6 6 + 3	5 + 7 7 + 5	4 + 8 8 + 4	6 + 8 8 + 6

1. _____ me cuesta recordar.

Ésta es una pista que puede ayudarme:

2. _____ me cuesta recordar.

Ésta es una pista que puede ayudarme:

3. _____ me cuesta recordar.

Ésta es una pista que puede ayudarme:

Parejas, equipos y clips   Tarea

Las otras combinaciones (página 2 de 2)

Ahora resuelve estas combinaciones.

4. 3 + 5 = _____   **5.** 7 + 4 = _____

6. 6 + 8 = _____   **7.** 8 + 3 = _____

8. 3 + 6 = _____   **9.** 8 + 5 = _____

10. 7 + 5 = _____   **11.** 8 + 6 = _____

12. 5 + 8 = _____   **13.** 6 + 3 = _____

14. 5 + 3 = _____   **15.** 8 + 4 = _____

16. 5 + 7 = _____   **17.** 4 + 7 = _____

18. 3 + 8 = _____   **19.** 4 + 8 = _____

Monedas de 1¢ y clips (página 1 de 2)

Escribe una ecuación. Resuelve el problema.
Muestra tu trabajo.

1. Franco tenía 100 monedas de 1¢. Usó 67 para comprar una tarjeta de béisbol. ¿Cuántas monedas de 1¢ le quedan?

2. Había 100 clips en la caja. Kira agarró 52. ¿Cuántos clips quedan en la caja?

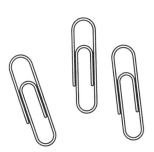

Monedas de 1¢ y clips (página 2 de 2)

Escribe una ecuación. Resuelve el problema.
Muestra tu trabajo.

3. Sally tenía 100 monedas de 1¢. Le dio 26
   a su hermano. ¿Cuántas monedas de 1¢ tiene
   Sally ahora?

4. Había 100 clips en la caja. Jake agarró 19.
   ¿Cuántos clips quedan en la caja?

¿Cuántas pegatinas?

Escribe una ecuación. Resuelve el problema.
Muestra tu trabajo.

> **NOTA** Los estudiantes
> resuelven un problema-cuento.
>
> **MME** 70, 71–72

1. Sally tenía 40 pegatinas de aviones. Le dio 27 a Franco. ¿Cuántas pegatinas de aviones tiene Sally ahora?

Repaso continuo

2. Hay 17 monedas de 1¢ en total.
   ¿Cuántas están escondidas?

   Ⓐ 14

   Ⓑ 13

   Ⓒ 11

   Ⓓ 6

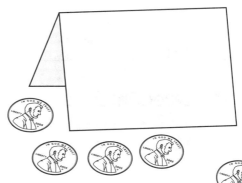

Agarrar objetos

Llena una taza con 100 objetos pequeños.
Puedes usar clips, palillos de dientes, frijoles,
monedas de 1¢ o botones. En cada vuelta,
agarra algunos de los objetos para sacarlos
de la taza. Cuenta cuántos objetos has agarrado.
Averigua cuántos quedan.

NOTA Los estudiantes
practican cómo restarle
cantidades a 100.

MME 73–75

Si la necesitas, usa la tabla de 100.

Vuelta 1: Agarré _____. Ecuación: _____

Quedan _____ en la taza.

Muestra cómo averiguaste cuántos quedan.

Vuelta 2: Agarré _____. Ecuación: _____

Quedan _____ en la taza.

Muestra cómo averiguaste cuántos quedan.

Parejas, equipos y clips

Problemas-cuento (página 1 de 2)

Escribe una ecuación. Resuelve el problema.
Muestra tu trabajo.

1. Franco tenía 45 monedas de 1¢ sobre la mesa.
   Colocó 27 en su alcancía. ¿Cuántas había
   todavía sobre la mesa?

2. Franco y Jake estaban jugando a *Cubrir* con
   30 fichas. Franco escondió algunas de las
   fichas. Dejó 16 a la vista. ¿Cuántas fichas
   escondió Franco?

Parejas, equipos y clips

Problemas-cuento (página 2 de 2)

Escribe una ecuación. Resuelve el problema.
Muestra tu trabajo.

3. Sally tenía 41 pegatinas de arco iris. Le dio 16
a Franco. ¿Cuántas pegatinas de arco iris tiene
Sally ahora?

4. Había 53 cerezas en un tazón. Kira comió 17.
¿Cuántas cerezas quedaron?

Parejas, equipos y clips   Práctica diaria

El misterio de la fruta que falta

NOTA Los estudiantes practican cómo restarle cantidades a 100.

 73–75

Resuelve cada problema. Muestra tu trabajo.

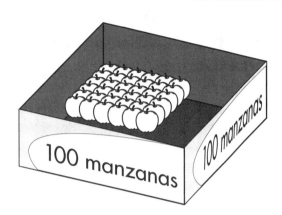

1. ¿Cuántos bananos hay en la caja? _____

   ¿Cuántos bananos faltan? _____

2. ¿Cuántas manzanas hay en la caja? _____

   ¿Cuántas manzanas faltan? _____

Repaso continuo

3. Mamá tiene 34 años, papá tiene 35, Jake tiene 7 y la abuela tiene 58. ¿Quién es mayor que mamá y menor que la abuela?

   (A) Mamá   (B) Papá   (C) Jake   (D) La abuela

Parejas, equipos y clips

Más problemas-cuento (página 1 de 2)

Escribe una ecuación. Resuelve el problema.
Muestra tu trabajo.

1. Jake tenía 52 monedas de 1¢. Gastó
   24 monedas de 1¢ en un nuevo lápiz.
   ¿Cuántas monedas de 1¢ le quedan?

2. Sally necesita subir 43 escalones para llegar
   a la parte de arriba de la torre. Ha subido
   28 escalones. ¿Cuántos escalones más necesita
   subir para llegar a la parte de arriba?

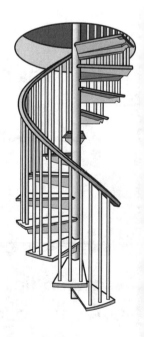

Parejas, equipos y clips

Más problemas-cuento (página 2 de 2)

Escribe una ecuación. Resuelve el problema.
Muestra tu trabajo.

3. Kira y Sally estaban jugando a *Cubrir* con
52 fichas. Kira escondió algunas de las fichas.
Dejó 29 a la vista. ¿Cuántas fichas escondió Kira?

4. Franco tenía 55 canicas. Le dio 27 canicas
a su hermano. ¿Cuántas canicas tiene
Franco ahora?

Pegatinas de ranas

Resuelve cada problema.
Muestra tu trabajo.

> **NOTA** Los estudiantes resuelven un problema-cuento sobre grupos de 10.
>
> MME 41–42

1. El Sr. Day tiene 113 pegatinas de ranas. Quiere darle 10 pegatinas a cada estudiante. ¿Cuántos estudiantes obtendrán 10 pegatinas? ¿Sobra alguna pegatina?

Repaso continuo

2. Kira tiene 1 moneda de 25¢, 3 monedas de 10¢, 2 monedas de 5¢ y 6 monedas de 1¢. ¿Cuánto dinero tiene?

   (A) 56¢   (B) 66¢   (C) 71¢   (D) 81¢

Parejas, equipos y clips   Tarea

Problemas
sobre clips (página 1 de 2)

NOTA Los estudiantes resuelven problemas-cuento relacionados con restarle cantidades a 100.

MME 71–72, 73–75

Escribe una ecuación. Resuelve el problema.
Muestra tu trabajo.

1. Había 100 clips en una caja. En su primer turno, Jake agarró 13 clips. ¿Cuántos clips había todavía en la caja?

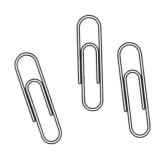

2. Jake puso todos los clips de vuelta en la caja, entonces tenía 100. En su segundo turno, agarró 14 clips. ¿Cuántos clips había todavía en la caja?

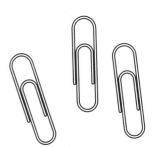

   ¿Cómo puedes usar el primer problema para que te ayude a resolver este problema?

Problemas sobre clips (página 2 de 2)

Escribe una ecuación. Resuelve el problema.
Muestra tu trabajo.

3. Había 100 clips en una caja. En su primer turno, Sally agarró 75 clips. ¿Cuántos clips había todavía en la caja?

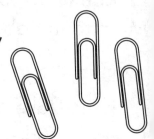

4. Sally puso todos los clips de vuelta en la caja, entonces tenía 100. En su segundo turno, agarró 74 clips. ¿Cuántos clips había todavía en la caja?

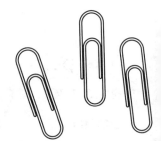

¿Cómo puedes usar el primer problema para que te ayude a resolver este problema?

Monedas de 1¢ y pegatinas (página 1 de 2)

Escribe una ecuación. Resuelve el problema.
Muestra tu trabajo.

1. Jake tenía 72 monedas de 1¢. Gastó 58
en un nuevo lápiz. ¿Cuántas monedas
de 1¢ le quedan?

2. Kira tenía 86 pegatinas de soles. Le dio 53
a su hermana. ¿Cuántas pegatinas de soles
tiene Kira ahora?

Monedas de 1¢ y pegatinas

(página 2 de 2)

Escribe un cuento que se corresponda con el problema. Resuelve el problema. Muestra tu trabajo.

3. 65 – 38 = _____

_____

_____

_____

4. 62
     –45
     ‾‾‾

_____

_____

_____

Parejas, equipos y clips   Práctica diaria

Recoger arándanos

Escribe una ecuación. Resuelve el problema.
Muestra tu trabajo.

NOTA Los estudiantes usan la suma o la resta para resolver dos problemas-cuento.

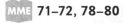 **71–72, 78–80**

1. Sally necesita 100 arándanos para llenar su canasta. Recogió 47 arándanos. ¿Cuántos más necesita recoger para llenar la canasta?

2. Jake recogió 54 arándanos. Usó 38 para hacer pastelitos de arándanos. ¿Cuántos arándanos tiene ahora?

Nuestras mascotas

Repaso continuo

3. ¿Cuántos estudiantes más tienen perros que gatos?

   (A) 3   (C) 6

   (B) 5   (D) 9

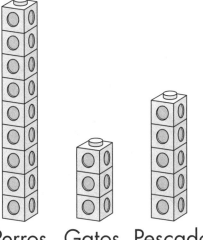

Perros   Gatos   Pescados

Pegatinas para compartir

Escribe una ecuación. Resuelve el problema.
Muestra tu trabajo.

NOTA Los estudiantes resuelven problemas-cuento de resta.

MME 71–72

1. Jake tenía 82 pegatinas de mariposas.
   Le dio 46 a Sally. ¿Cuántas pegatinas de
   mariposas le quedan?

2. Sally tenía 71 pegatinas de béisbol. Le dio 33 a
   Kira. ¿Cuántas pegatinas de béisbol le quedan?

¿Cuál es la fracción?

¿Qué fracción de la bandera es gris? ¿Y negra?
¿Y blanca? Escribe la fracción para cada color.

NOTA Los estudiantes usan lo que saben sobre fracciones para determinar la parte de una bandera que está sombreada de un determinado color.

MME 86, 87

1.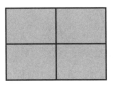

Gris: _____

2.

Gris: _____

Negra: _____

Blanca: _____

3.

Negra: _____

Blanca: _____

4.

Negra: _____

Blanca: _____

Gris: _____

5.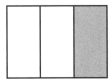

Blanca: _____

Gris: _____

Problemas de suma, Grupo 1 (página 1 de 2)

Escribe una ecuación. Resuelve el problema.
Muestra tu trabajo.

1. Kira tenía 48 globos. Jake le dio
33 globos más. ¿Cuántos globos
tiene Kira ahora?

2. Usa una estrategia diferente para resolver este
problema. Muestra tu trabajo.

Problemas de suma, Grupo 1 (página 2 de 2)

Escribe un cuento que se corresponda con la
ecuación. Resuelve el problema. Muestra tu trabajo.

3. 44 + 26 = _____

_____

_____

_____

_____

4. Usa una estrategia diferente para resolver este
problema. Muestra tu trabajo.

Problemas de suma, Grupo 2 (página 1 de 2)

Escribe una ecuación. Resuelve el problema.
Muestra tu trabajo.

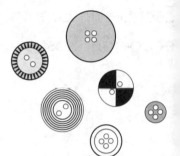

1. Franco tenía una colección de 57 botones.
   Compró 34 botones más. ¿Cuántos botones
   tiene ahora?

2. Usa una estrategia diferente para resolver este
   problema. Muestra tu trabajo.

Problemas de suma, Grupo 2 (página 2 de 2)

Escribe un cuento que se corresponda con la ecuación. Resuelve el problema. Muestra tu trabajo.

3. $\begin{array}{r} 14 \\ +49 \\ \hline \end{array}$

_____

_____

_____

4. Usa una estrategia diferente para resolver este problema. Muestra tu trabajo.

¿Qué hora es?

Mira cada reloj. Anota la hora y
escríbela en palabras. Luego anota
y dibuja qué hora será en 2 horas y
escríbela en palabras.

> **NOTA** Los estudiantes practican cómo
> decir, anotar y determinar la hora en
> punto y la media hora.
>
> **MME** 139, 141

¿Qué hora es ahora?	¿Qué hora será en 2 horas?
8 :00 _las ocho en punto_	**:**
:	**:**
:	**:**
:	**:**
3:00	**:**

Sumar en el hogar

(página 1 de 2)

Escribe una ecuación. Resuelve el
problema. Muestra tu trabajo.

NOTA Mientras los estudiantes
resuelven dos problemas-cuento,
escriben ecuaciones, suman números
de 2 dígitos y hallan diferentes
maneras de resolver un problema.

MME **63–66**

1. Jake tenía 39 monedas de 1¢. Su madre
le dio 22 monedas de 1¢ más. ¿Cuántas
monedas de 1¢ tiene ahora?

2. Usa una estrategia diferente para resolver
este problema. Muestra tu trabajo.

Sumar en el hogar (página 2 de 2)

Escribe una ecuación. Resuelve el problema.
Muestra tu trabajo.

3. Sally tenía 24 estampillas. Jake le dio
67 estampillas más. ¿Cuántas estampillas
tiene ahora?

4. Usa una estrategia diferente para resolver este
problema. Muestra tu trabajo.

Parejas, equipos y clips

Problemas de suma, Grupo 3 (página 1 de 2)

Escribe una ecuación. Intenta resolver el problema manteniendo un número entero. Muestra tu trabajo.

1. Kira contó 49 mariquitas en el árbol y 28 mariquitas en el suelo. ¿Cuántas mariquitas contó Kira?

2. Franco tenía 66 pegatinas de carros. Jake le dio 52 pegatinas de carros. ¿Cuántas pegatinas de carros tiene Franco ahora?

Parejas, equipos y clips

Problemas de suma, Grupo 3 (página 2 de 2)

Escribe un cuento que se corresponda con cada problema. Resuelve los problemas. Muestra tu trabajo.

3.   55
       +36

_____

_____

_____

_____

4. 17 + 62 = _____

_____

_____

_____

Ir al cine

Escribe una ecuación. Intenta resolver el problema manteniendo un número entero. Muestra tu trabajo.

> **NOTA** Mientras los estudiantes resuelven dos problemas-cuento, escriben ecuaciones, suman números de 2 dígitos y hallan diferentes maneras de resolver un problema.
>
> MME **63–66**

1. El lunes, 38 personas fueron a ver una película de terror. 56 personas fueron a ver una comedia. ¿Cuántas personas fueron al cine el lunes?

2. El martes, 23 personas fueron a ver una película de dinosaurios. 49 personas fueron a ver una película de tiburones. ¿Cuántas personas fueron al cine el martes?

Repaso continuo

3. ¿Qué combinación **no** forma 100?

(A) 90 + 9   (B) 80 + 20   (C) 70 + 30   (D) 60 + 40

Escribir cuentos

(página 1 de 2)

Escribe un cuento que se corresponda
con el problema. Resuelve el problema.
Muestra tu trabajo.

NOTA Los estudiantes escriben
cuentos que se corresponden con
los problemas dados y practican
cómo sumar números de 2 dígitos.

 63–66

1. $37 + 48 =$ _____

_____

_____

_____

_____

2. Usa una estrategia diferente para resolver este
problema. Muestra tu trabajo.

Escribir cuentos (página 2 de 2)

Escribe un cuento que se corresponda con el problema. Resuelve el problema. Muestra tu trabajo.

3. 63
     +29

_____

_____

_____

_____

4. Usa una estrategia diferente para resolver este problema. Muestra tu trabajo.

Problemas de suma,
Grupo 4 (página 1 de 2)

Escribe un cuento que se corresponda con el
problema. Intenta resolver el problema sumando
decenas y unidades. Muestra tu trabajo.

1.   27
    +65
    _____

_____

_____

_____

_____

2. 42 + 53 = _____

_____

_____

_____

_____

Problemas de suma, Grupo 4 (página 2 de 2)

Escribe una ecuación. Intenta resolver cada
problema manteniendo un número entero.
Muestra tu trabajo.

3. Jake tenía 88 clips. Encontró 16 clips más
en el pasillo. ¿Cuántos clips tiene Jake ahora?

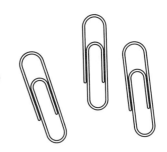

4. Sally tenía 73 canicas. Franco le dio
25 canicas. ¿Cuántas canicas tiene
Sally ahora?

El número de hoy: 12

El número de hoy es <u>12</u>.

> NOTA Los estudiantes escriben
> expresiones que son iguales al número
> de hoy usando la resta solamente.
> Hay muchas soluciones posibles.
>
> MME 55

$$42 - 30$$
$$50 - 20 - 10 - 8$$
$$12 - 0$$

1. Escribe por lo menos cinco maneras
diferentes de formar el número de hoy.
Usa la resta solamente.

Repaso continuo

2. ¿Qué hora será en tres horas?

(A) 3:45   (C) 6:45

(B) 5:45   (D) 12:45

Parejas, equipos y clips

Más sumas
en el hogar (página 1 de 2)

Escribe una ecuación. Resuelve el problema.
Muestra tu trabajo.

> **NOTA** Mientras los estudiantes resuelven dos problemas-cuento, escriben ecuaciones, suman números de 2 dígitos y hallan diferentes maneras de resolver un problema.
>
> **MME** 63–66

1. Sally tenía 48 pegatinas de patinetas. Su hermano le dio 36 pegatinas de patinetas más. ¿Cuántas pegatinas de patinetas tiene ahora?

2. Usa una estrategia diferente para resolver este problema. Muestra tu trabajo.

Más sumas en el hogar (página 2 de 2)

Escribe una ecuación. Resuelve el problema.
Muestra tu trabajo.

3. Franco tenía 63 pegatinas de camiones. Kira le dio 34 pegatinas más. ¿Cuántas pegatinas de camiones tiene ahora?

4. Usa una estrategia diferente para resolver este problema. Muestra tu trabajo.

Problemas de suma, Grupo 5 (página 1 de 2)

Escribe una ecuación. Resuelve el problema.
Muestra tu trabajo.

1. Kira tenía 69 cuentas. Jake le dio 19 cuentas
más para hacer un collar. ¿Cuántas cuentas
tiene ahora?

2. Franco contó 46 pretzels en su tazón. Sally
contó 58 pretzels en su tazón. ¿Cuántos
pretzels tienen en total?

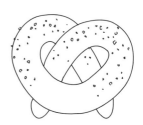

Problemas de suma, Grupo 5 (página 2 de 2)

Escribe un cuento que se corresponda con cada problema. Resuelve los problemas. Muestra tu trabajo.

3.   41
   +74
   _____

_____

_____

_____

_____

4. 64 + 35 = _____

_____

_____

_____

_____

Parejas, equipos y clips

Práctica diaria

Más restas de decenas

Resuelve estos problemas. Llena los totales en la tabla de 100 de abajo.

NOTA Los estudiantes practican cómo restarle 10 y múltiplos de 10 a cualquier número.

 24

1. 83 – 10 – 10 – 20 = _____   **2.** 94 – 30 – 10 = _____

3. 85 – 40 – 10 – 20 = _____   **4.** 79 – 20 – 10 = _____

5. 91 – 50 – 10 – 10 = _____   **6.** 32 – 20 – 10 = _____

7. 67 – 10 – 10 – 30 = _____   **8.** 58 – 30 = _____

9. Llena los números que faltan en la tabla de 100.

1		3				7		
11			14						20
				25	26				
	32				36		38	39	
41			44			47			
	52			55			58		
61			64	65			68		70
	73				77		79		
81	82				86				90
		94					99		

Números pares, impares y combinaciones (página 1 de 2)

NOTA Los estudiantes repasan lo que saben sobre sumas de números pares e impares y practican dos de las otras combinaciones de suma.

MME **41–42, 53**

Resuelve cada problema.
Muestra tu trabajo.

1. En la clase de la Srta. Wong hay 13 niñas y 11 niños. Van a jugar un juego en parejas. ¿Tendrán todos pareja?

2. En el área de juego hay 17 niños y 13 niñas. Van a jugar a un partido de fútbol. ¿Pueden formar dos equipos iguales?

Parejas, equipos y clips   Tarea

Números pares, impares
y combinaciones (página 2 de 2)

Resuelve cada problema. Muestra tu trabajo.

3. Kira tiene dificultad con 7 + 9. Escribe una
pista para ayudar a Kira a recordar 7 + 9.

> $9 + 7 =$
>
> $7 + 9 =$
>
> Pista: _____

4. Franco tiene dificultad con 8 + 6. Escribe una
pista para ayudar a Franco a recordar 8 + 6.

> $6 + 8 =$
>
> $8 + 6 =$
>
> Pista: _____

Boletos para premios (página 1 de 2)

> **NOTA** Los estudiantes resuelven problemas de la vida diaria relacionados con los temas de matemáticas de esta unidad.

En la feria de la primavera, Robin gana 200 boletos para premios.

1. ¿Qué premios podría obtener con 100 boletos?

Carro: 20 boletos		Oso: 20 boletos	
Gorro: 45 boletos		Pelota: 20 boletos	
Rana: 10 boletos		Goma: 5 boletos	

Muestra tu trabajo. Escribe una equación.

Boletos para premios (página 2 de 2)

2. ¿Cuáles de estos premios podría obtener Robin
con los otros 100 boletos?

Yo-yo: 25 boletos	Molinillo: 15 boletos
Cometa: 10 boletos	*Jacks:* 20 boletos
Lápiz: 5 boletos	Anillo: 30 boletos

Muestra tu trabajo. Escribe una ecuación.

"This image illustrates some of the best qualities of fractals—infinity, reiteration, and self similarity."– **Kris Northern**

Investigations

IN NUMBER, DATA, AND SPACE®
en español

Medir longitud y tiempo

Investigación 3

Investigación 4

Búsqueda 1:
Medir longitudes (página 1 de 2)

Halla cosas que tengan casi la misma longitud que cada tira de papel.

Tira A	Tira B
Tira C	**Tira D**

Búsqueda 1:
Medir longitudes (página 2 de 2)

Halla cosas que tengan casi la misma longitud que
cada tira de papel.

Tira E	**Tira F**

Escribe cómo comparaste los objetos con las tiras
de papel.

_____

_____

_____

_____

_____

_____

Maneras de obtener 100

NOTA Los estudiantes combinan números para formar 100 y escriben ecuaciones que tienen más de dos sumandos (los números que se suman).

 MME 54

1. $10 + \_\_\_ + \_\_\_ + \_\_\_ = 100$

2. $27 + \_\_\_ + \_\_\_ + \_\_\_ = 100$

3. $14 + \_\_\_ + \_\_\_ + \_\_\_ = 100$

4. $34 + \_\_\_ + \_\_\_ + \_\_\_ = 100$

5. $22 + \_\_\_ + \_\_\_ + \_\_\_ = 100$

6. $8 + \_\_\_ + \_\_\_ + \_\_\_ = 100$

7. $11 + \_\_\_ + \_\_\_ + \_\_\_ = 100$

Búsqueda 2: ¿Cuántas tiras de papel? (página 1 de 2)

Halla un objeto que corresponda con cada longitud.

Tiras azules	Tiras amarillas
Halla algo que mida 3 tiras azules de largo. Objeto: _____	¿Cuántas tiras amarillas mide el objeto? Estimación: _____ Medida: _____
Halla algo que mida 2 tiras azules de largo. Objeto: _____	¿Cuántas tiras amarillas mide el objeto? Estimación: _____ Medida: _____
Halla algo que mida 5 tiras azules de largo. Objeto: _____	¿Cuántas tiras amarillas mide el objeto? Estimación: _____ Medida: _____
Halla algo que mida 4 tiras azules de largo. Objeto: _____	¿Cuántas tiras amarillas mide el objeto? Estimación: _____ Medida: _____

Búsqueda 2: ¿Cuántas tiras de papel? (página 2 de 2)

Tiras azules	Tiras amarillas
Halla algo que mida 6 tiras azules de largo. Objeto: _____	¿Cuántas tiras amarillas mide el objeto? Estimación: _____ Medida: _____
Halla algo que mida 7 tiras azules de largo. Objeto: _____	¿Cuántas tiras amarillas mide el objeto? Estimación: _____ Medida: _____
Halla algo que mida 10 tiras azules de largo. Objeto: _____	¿Cuántas tiras amarillas mide el objeto? Estimación: _____ Medida: _____

¿Qué observaste sobre el número de tiras azules en comparación con el número de tiras amarillas?

_____

_____

¿Cuántas tiras?

Una clase midió con tiras de papel rojas y verdes. Todas las tiras rojas tenían la misma longitud. Todas las tiras verdes tenían la misma longitud. Usa las medidas del escritorio de la maestra para averiguar las medidas que faltan.

> **NOTA** Los estudiantes observan medidas para hallar la relación entre unidades diferentes.
>
> MME 150–151

Objeto	Medida en tiras rojas	Medida en tiras verdes
1. Escritorio de la maestra	10 tiras rojas	5 tiras rojas
2. Escritorio del estudiante	4 tiras rojas	_____ tiras verdes
3. Pizarrón	26 tiras rojas	_____ tiras verdes
4. Diccionario	_____ tiras rojas	1 tira verde
5. Acuario	_____ tiras rojas	4 tiras verdes

Repaso continuo

6. $17 +$ _____ $= 22$

(A) 7   (B) 9   (C) 3   (D) 5

Búsqueda en el hogar (página 1 de 2)

Halla un objeto que corresponda con cada longitud.

NOTA Los estudiantes miden objetos con tiras de medir de longitudes diferentes pero que están relacionadas.

 147, 150–151

Tiras azules	Tiras amarillas
Halla algo que mida 3 tiras azules de largo. Objeto: _____	¿Cuántas tiras amarillas mide el objeto? Estimación: _____ Medida: _____
Halla algo que mida 2 tiras azules de largo. Objeto: _____	¿Cuántas tiras amarillas mide el objeto? Estimación: _____ Medida: _____
Halla algo que mida 5 tiras azules de largo. Objeto: _____	¿Cuántas tiras amarillas mide el objeto? Estimación: _____ Medida: _____
Halla algo que mida 4 tiras azules de largo. Objeto: _____	¿Cuántas tiras amarillas mide el objeto? Estimación: _____ Medida: _____

Búsqueda en el hogar (página 2 de 2)

Halla un objeto que corresponda con cada longitud.

Tiras azules	Tiras amarillas
Halla algo que mida 6 tiras azules de largo. Objeto: _____	¿Cuántas tiras amarillas mide el objeto? Estimación: _____ Medida: _____
Halla algo que mida 7 tiras azules de largo. Objeto: _____	¿Cuántas tiras amarillas mide el objeto? Estimación: _____ Medida: _____
Halla algo que mida 10 tiras azules de largo. Objeto: _____	¿Cuántas tiras amarillas mide el objeto? Estimación: _____ Medida: _____

¿Qué observaste sobre el número de tiras azules en comparación con el número de tiras amarillas?

_____

_____

Medir longitud y tiempo

¿A qué distancia puedes saltar?

Salta como una rana, un conejo y un niño. Mide cada salto.

un salto de rana   un salto de conejo   un salto de niño

_____   _____   _____

1. ¿Qué unidad usaste para medir tus saltos? _____

2. ¿Qué salto es el más largo? _____   ¿Cuánto mide? _____

3. ¿Qué salto es el más corto? _____   ¿Cuánto mide? _____

4. ¿Cuántas unidades más mide tu salto más largo

   que tu salto más corto? _____

5. Explica cómo resolviste el problema.

   _____

   _____

   _____

La hora hasta el cuarto de hora

Mira cada reloj. Anota la hora. Después, muestra qué hora será en 1 hora y anótala.

> **NOTA** Los estudiantes practican cómo decir la hora, determinar qué hora será en una hora y anotar la hora con notación analógica y digital.
>
> **MME** 135, 138, 140, 141

¿Qué hora es ahora?		¿Qué hora será en 1 hora?	
reloj	:	reloj	:
reloj	:	reloj	:
reloj	:	reloj	:
reloj	:	reloj	:
reloj	:	reloj	:

Medir en el hogar

1. Usa tus tiras de medir para medir objetos en el hogar.

> **NOTA** Los estudiantes usan tiras de medir para medir objetos en el hogar. Luego resuelven un problema de medición comparativa.
>
> **150–151**

Nombre del objeto	Número de tiras azules	Número de tiras amarillas

2. Kira estaba midiendo en el hogar. La televisión medía 32 cubos. La mesa medía 54 cubos. ¿Cuánto más larga es la mesa que la televisión?

Resuelve el problema. Muestra tu trabajo.

¿Cuántas tiras azules?
¿Cuántas tiras amarillas?

Resuelve los problemas. Muestra tu trabajo.

1. Si el estante mide 12 tiras azules de largo,
   ¿cuántas tiras amarillas mide?

2. Si la alfombra mide 22 tiras amarillas de largo,
   ¿cuántas tiras azules mide?

3. Si el tablero de avisos mide 20 tiras azules de
   largo, ¿cuántas tiras amarillas mide?

4. Si la puerta mide 32 tiras amarillas de alto,
   ¿cuántas tiras azules mide?

Dos cuentos de "100"

Termina el cuento para formar 100.

> **NOTA** Los estudiantes practican cómo sumar algunos números y determinar hasta dónde las sumas están de 100.
>
> **MME** 54, 79–80

1. Sarah recolectó 100 latas la semana pasada.

El lunes recolectó 15 latas.

El martes recolectó 25 latas.

El miércoles recolectó 7 latas.

El jueves recolectó _____ latas.

El viernes recolectó 33 latas.

2. Antonio necesita 100 cupones para ganarse una pizza gratis.

Ahorró 32 cupones de su fiesta de pizza.

Su tía le dio 16 cupones.

Robert le dio 28 cupones.

Luego su mamá le dio _____.

¡Lo logró! ¡Tiene 100!

Repaso continuo

3. ¿Cuántos estudiantes hay en total en la clase del Sr. Baley?

Estudiantes en la clase del Sr. Baley	
Niños:	ЖЖ IIII
Niñas:	ЖЖ ЖЖ IIII

(A) 23   (B) 22   (C) 21   (D) 19

Medir saltos con cubos

Mide con cubos tu salto más largo y tu
salto más corto.

1. Mi salto más largo mide _____ cubos.

2. Mi salto más corto mide _____ cubos.

3. ¿Cuántos cubos más mide tu salto más largo
que tu salto más corto? Resuelve el problema
y muestra cómo lo resolviste.

4. Escribe una ecuación que muestre tu respuesta.

Un concurso de salto

Los estudiantes de la sala 203 hicieron
un concurso de salto de saltamontes.
Anotaron la longitud de cada salto.

> **NOTA** Los estudiantes comparan medidas, hallan la más corta y la más larga y hallan la diferencia entre la más corta y la más larga.

Saltamontes	Longitud del salto
Saltamontes del grupo A	36 cubos
Saltamontes del grupo B	42 cubos
Saltamontes del grupo C	25 cubos
Saltamontes del grupo D	57 cubos

1. ¿De qué grupo era el saltamontes que hizo

   el salto más largo? _____

2. ¿De qué grupo era el saltamontes que hizo

   el salto más corto? _____

3. ¿Cuántos cubos más midió el salto más largo

   que el salto más corto? _____

4. Si los estudiantes sólo tenían 40 cubos, ¿cómo pudieron
   haber medido el salto del saltamontes del grupo D?

   _____

   _____

¿Cuánto más largo?

Usa la información de tu clase para llenar los espacios
en blanco.

1. El salto más largo de tu clase midió _____ cubos.

2. El salto más corto de tu clase midió _____ cubos.

3. Escribe una ecuación.

¿Cuánto más largo fue el salto más largo que el más corto?
Resuelve el problema.

El número de hoy: 25

Encierra en un círculo los problemas que sumen el número de hoy.

NOTA Los estudiantes determinan si distintas expresiones de números son igual a 25.

MME 55

El número de hoy es <u>25</u>.

50 − 20 − 5	10 + 5 + 10 + 5
6 + 4 + 7 + 3 + 4 + 1	75 − 55
8 + 6 + 2 + 5 + 4	100 − 10 − 10 − 50 − 5
85 − 60 − 5	7 + 7 + 6 + 3 + 2
35 − 15	100 − 25 − 25 − 25

Medir longitud y tiempo

Saltar en la Tierra de Una Pulgada

Usa ladrillos de una pulgada para averiguar qué
distancia saltó cada uno de los atletas.

1. Pim saltó el ancho de este papel. ¿Qué distancia
   saltó Pim?

2. Ren saltó el largo de un palillo de manualidades.
   ¿Qué distancia saltó Ren?

3. Hap saltó el largo de este papel. ¿Qué distancia
   saltó Hap?

4. Tob saltó el largo de una barra de pegamento.
   ¿Qué distancia saltó Tob?

Combinaciones de suma y poner números en secuencia

NOTA Los estudiantes practican cómo resolver combinaciones de suma y poner números del 0 al 100 en secuencia.

MME **24, 43**

1. Resuelve estos problemas. Llena los totales en la tabla de 100 de abajo.

8 + 8 = _____   9 + 3 = _____   7 + 2 = _____

9 + 7 = _____   7 + 4 = _____   9 + 9 = _____

8 + 7 = _____   9 + 6 = _____   8 + 9 = _____

7 + 7 = _____   6 + 8 = _____   4 + 9 = _____

2. Llena los números que faltan en la tabla de 100.

	2				6	7			
								19	
21				25	26				30
		33				37		39	
	42		44		46			49	50
		53		55					
61							68		
71			74		76			79	80
	82			85			88		
91	92	93			96				

Ropa en la Tierra de Una Pulgada (página 1 de 2)

Mide cada objeto con un ladrillo de medir de una pulgada.
Anota cada longitud.

1. La longitud de la capa de la princesa Funer es igual a la longitud de tu lápiz.

   ¿Cuántos ladrillos de una pulgada mide la capa de la princesa Funer? _____

2. La longitud de la chaqueta de Ren es igual a la longitud de 9 cubos.

   ¿Cuántos ladrillos de una pulgada mide la chaqueta de Ren? _____

3. La longitud de la manga de la camisa de Pim es igual a la longitud de 2 palillos de manualidades.

   ¿Cuántos ladrillos de una pulgada mide la manga de la camisa de Pim? _____

4. La longitud de la media de Raf es igual a la longitud de 4 cubos.

   ¿Cuántos ladrillos de una pulgada mide la media de Raf? _____

5. La longitud de los pantalones de Nim es igual a la longitud de 4 fichas de colores.

   ¿Cuántos ladrillos de una pulgada miden los pantalones de Nim? _____

Ropa en la Tierra de Una Pulgada (página 2 de 2)

6. La altura de la corona del rey es igual a la longitud de 3 fichas de colores.

¿Cuántos ladrillos de una pulgada mide la corona del rey? _____

7. La longitud del saco de Gar es igual a la longitud de 8 fichas de colores.

¿Cuántos ladrillos de una pulgada mide el saco de Gar? _____

Usa la información de arriba para resolver cada problema. Muestra tu trabajo.

8. ¿Cuántos ladrillos de una pulgada más mide el saco de Ren que la media de Raf?

9. Cuántos ladrillos de una pulgada más mide el saco de Gar que la corona del rey?

10. ¿Cuántos ladrillos de una pulgada más miden los pantalones de Nim que la corona del rey?

Edificios en la Tierra de Una Pulgada (página 1 de 2)

Usa tu ladrillo de medir de una pulgada para responder a cada pregunta.

1. Las personas en la Tierra de Una Pulgada crecen hasta ser casi tan altas como el ladrillo de medir de una pulgada. ¿Cuántos ladrillos de una pulgada miden de alto las personas en la Tierra de Una Pulgada?

2. El castillo de la princesa Funer es casi tan largo como la mesa. ¿Cuántos ladrillos de una pulgada mide de largo el castillo de la princesa Funer?

3. La casa de Tob es casi tan ancha como tu escritorio. ¿Cuántos ladrillos de una pulgada mide de ancho la casa de Tob?

Medir longitud y tiempo

Edificios en la Tierra de Una Pulgada (página 2 de 2)

4. La casa de Ren es casi tan alta como el asiento de tu silla. ¿Cuántos ladrillos de una pulgada mide de alto la casa de Ren?

5. La casa de Pim es casi tan alta como tu escritorio. ¿Cuántos ladrillos de una pulgada mide de alto la casa de Pim?

6. La casa de Gar es casi tan alta como la manija de la puerta desde el piso. ¿Cuántos ladrillos de una pulgada mide de alto la casa de Gar?

7. El castillo del rey es casi tan alto como el estante de libros. ¿Cuántos ladrillos de una pulgada mide de alto el castillo del rey?

Saltos de niños en la Tierra de Una Pulgada (página 1 de 2)

Los niños de la Tierra de Una Pulgada midieron sus saltos también. Usa tu ladrillo de medir de una pulgada para hallar qué distancia saltaron.

1. El salto de Bok midió 3 cubos de largo. Traza una recta que tenga la longitud del salto de Bok.

   ¿Cuántos ladrillos de una pulgada midió el salto de Bok? _____

2. El salto de Gar fue tan largo como un marcador. Traza una recta que tenga la longitud del salto de Gar.

   ¿Cuántos ladrillos de una pulgada midió el salto de Gar? _____

3. ¿Quién saltó más lejos, Bok o Gar? ¿Cuánto más lejos saltó? Muestra tu trabajo.

Saltos de niños en la Tierra de Una Pulgada (página 2 de 2)

4. El salto de Raf fue tan largo como un palillo de manualidades. Traza una recta que tenga la longitud del salto de Raf.

¿Cuántos ladrillos de una pulgada midió el salto de Raf? _____

5. El salto de Nim fue tan largo como $3\frac{1}{2}$ fichas. Traza una recta que tenga la longitud del salto de Nim.

¿Cuántos ladrillos de una pulgada midió el salto de Nim? _____

6. ¿Quién saltó más lejos, Raf o Nim? ¿Cuánto más lejos saltó? Muestra tu trabajo.

Números que faltan

Escribe los números que faltan en las tiras de conteo.

NOTA Los estudiantes practican cómo contar de 2 en 2, de 5 en 5 y de 10 en 10.

MME 26, 35–39

126		**130**
128	**95**	**120**
	100	
132		
		90
	115	

Medir con ladrillos de una pulgada en el hogar

NOTA Los estudiantes usan pulgadas para medir objetos en el hogar.

MME 147

Usa tus ladrillos de una pulgada para medir cosas en el hogar. Si quieres, pega los ladrillos sobre el instrumento de medir de abajo.

1. Halla algo que mida 6 ladrillos de una pulgada de largo.

¿Qué es? _____

2. Halla algo que mida 3 ladrillos de una pulgada de largo.

¿Qué es? _____

3. ¿Cuánto mide tu pasta dental de largo? _____

4. ¿Cuánto mide un jabón de largo? _____

5. ¿Cuánto mide una cuchara de largo? _____

Instrumento de medir:

Senderos en la Tierra de Una Pulgada

El castillo del rey está en una esquina de la Tierra de Una Pulgada. Usa las instrucciones de abajo para crear tu mapa de la Tierra de Una Pulgada.

1. El sendero desde el castillo del rey hasta su jardín mide 15 ladrillos de una pulgada de largo. Muestra en tu mapa la longitud del sendero desde el castillo del rey hasta su jardín.

2. El sendero desde el castillo del rey hasta el castillo de la princesa Funer mide 25 ladrillos de una pulgada de largo. Muestra en tu mapa la longitud del sendero desde el castillo del rey hasta el castillo de la princesa Funer.

3. El sendero desde el castillo del rey hasta la casa de Pim mide 28 ladrillos de una pulgada de largo. Muestra en tu mapa la longitud del sendero desde el castillo del rey hasta la casa de Pim.

4. ¿Qué otra cosa quieres mostrar en tu mapa de la Tierra de Una Pulgada? Dibújala en el mapa y muestra a qué distancia se encuentra del castillo del rey.

Medir con lápices

Paul y Pedra midieron el ancho de un escritorio. Usaron sus lápices como la unidad de medida. Éstas son sus medidas:

Paul: 32 lápices   Pedra: 46 lápices

1. ¿Por qué obtuvieron medidas diferentes?

   _____

   _____

   _____

2. ¿Cuál de los lápices de abajo es de Paul? Enciérralo en un círculo.

   ¿Cuál de los lápices es de Pedra? Dibuja una línea debajo de él.

Repaso continuo

3. ¿Cuántas manos hay en un grupo de 16 personas?

   (A) 12   (B) 26   (C) 32   (D) 42

Medir longitud y tiempo   Práctica diaria

¿Qué hora es?
¿Qué hora será?

Mira cada reloj. Anota la hora. Luego muestra
qué hora será en 2 horas y anótala.

> **NOTA** Los estudiantes
> practican cómo decir la hora
> y determinar qué hora será
> hasta la hora en punto y la
> media hora.
>
> **MME** **137, 139, 141**

¿Qué hora es ahora?		¿Qué hora será en 2 horas?	
(reloj)	**7:30**	(reloj)	:
(reloj)	:	(reloj)	:
(reloj)	:	(reloj)	:
(reloj)	:	(reloj)	:
(reloj)	**9:30**	(reloj)	:

Reglas y ladrillos de medir de una pulgada ✏️Escritura✏️

Examina tu regla y tu ladrillo de medir de una pulgada. Anota tus respuestas.

Nombra dos cosas que sean iguales.

1. _____

_____

_____

2. _____

_____

_____

Nombra dos cosas que sean diferentes.

1. _____

_____

_____

2. _____

_____

_____

Puntos de referencia del cuerpo

Los puntos de referencia del cuerpo son partes del cuerpo que a veces puedes usar para medir objetos si no tienes una regla a mano. Usa los puntos de referencia del cuerpo para responder a cada pregunta.

1. ¿Qué parte de tu cuerpo mide casi 1 pulgada de largo? _____

2. ¿Qué parte de tu cuerpo mide casi 6 pulgadas de largo? _____

3. ¿Qué parte de tu cuerpo mide casi 12 pulgadas (1 pie) de largo? _____

4. Usa un punto de referencia de tu cuerpo para medir tu lápiz.

   Longitud estimada: _____

   Usa tu regla para medir tu lápiz.

   Longitud medida: _____

5. Usa un punto de referencia de tu cuerpo para medir la altura de tu silla.

   Altura estimada: _____

   Usa tu regla o una regla de 1 yarda para medir la altura de tu silla.

   Altura medida: _____

Medir y comparar (página 1 de 2)

Halla cada uno de estos objetos en tu clase.
Usa una regla para medir cada objeto. Anota
cada medida y responde a las preguntas.

Tijeras _____

Marcador _____

¿Cuál es más largo? _____

¿Cuánto más largo es? _____

Regla _____

Lápiz _____

¿Cuál es más largo? _____

¿Cuánto más largo es? _____

Longitud de la mesa _____

Longitud del estante _____

¿Cuál es más largo(a)? _____

¿Cuánto más largo(a) es? _____

Medir y comparar (página 2 de 2)

Halla cada uno de estos objetos en tu clase.
Usa una regla para medir cada objeto. Anota
cada medida y responde a las preguntas.

Altura de la silla _____

¿Cuál es más alta? _____

Altura de la mesa _____

¿Cuánto más alta es? _____

Ancho de tu libro
de lectura _____

¿Cuál es más largo? _____

Largo de tu libro
de lectura _____

¿Cuánto más largo es? _____

Ancho de la puerta _____

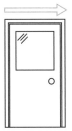

¿Cuál es más ancha? _____

Ancho de la ventana _____

¿Cuánto más ancha es? _____

Contar dinero

¿Cuánto dinero tiene cada estudiante?
¿Cuánto más necesita cada uno para
formar $1.00?

NOTA Los estudiantes practican
cómo contar dinero y determinar
la diferencia entre la cantidad que
cuentan y $1.00.

MME 19, 21

1.

Kira tiene _____.

Kira necesita _____ para
formar $1.00.

2.

Jake tiene _____.

Jake necesita _____ para
formar $1.00.

3.

Franco tiene _____.

Franco necesita _____
para formar $1.00.

4.

Sally tiene _____.

Sally necesita _____
para formar $1.00.

Comparar medidas (página 1 de 2)

Encierra en un círculo el objeto más largo.
Anota cuánto más largo es. Muestra tu trabajo.

> **NOTA** Los estudiantes comparan dos medidas y determinan la diferencia entre ellas.

1.

Longitud de un lápiz: 6 pulgadas

Altura de una lámpara: 10 pulgadas

¿Cuánto más largo(a) es? _____

2.

Longitud del brazo de Jake: 14 pulgadas

Altura de la pierna de Jake: 26 pulgadas

¿Cuánto más largo(a) es? _____

Comparar medidas (página 2 de 2)

3.

Altura de Kira: 48 pulgadas

Altura de Franco: 53 pulgadas

¿Cuánto más alto(a) es? _____

Piensa en todas las cosas nombradas en las páginas 37 y 38.

4. ¿Cuál es la más larga? _____

5. ¿Cuál es la más corta? _____

6. ¿Cuál es la diferencia entre ellas? _____

Medir longitud y tiempo

Medir nuestra clase

Elige una unidad para medir el largo o el ancho de
tu sala de clases.

1. ¿Mediste el largo o el ancho de tu sala? _____

2. ¿Qué unidad usaste para medir tu sala? _____

3. ¿Cuál fue la medida? _____

4. Describe cómo mediste la sala.

_____

_____

_____

_____

_____

_____

_____

_____

Usar grupos para resolver un problema-cuento

NOTA Los estudiantes usan lo que saben sobre grupos de 10 y de 1 para resolver un problema-cuento.

MME 29, 31, 35

La Sra. Lydel tiene 128 pegatinas de estrellas. Quiere darle 10 pegatinas de estrellas a cada estudiante.

¿Cuántos estudiantes pueden obtener 10 pegatinas?

¿Sobra alguna pegatina?

Resuelve el problema. Muestra tu trabajo.

Largo y ancho (página 1 de 2)

Elige cuatro objetos rectangulares en el hogar.
Usa puntos de referencia del cuerpo para
estimar el largo y el ancho de cada objeto.
Luego usa una regla para medir el largo y
el ancho en pulgadas.

> **NOTA** Los estudiantes usan puntos de referencia del cuerpo para estimar y luego usan una regla para medir el largo y el ancho de 3 objetos diferentes.
>
> **MME** 146, 155, 156

Primer objeto

Nombre del objeto: _____

Largo estimado: _____ Largo medido: _____

Ancho estimado: _____ Ancho medido: _____

Explica cómo usaste los puntos de referencia del cuerpo
para estimar.

Segundo objeto

Nombre del objeto: _____

Largo estimado: _____ Largo medido: _____

Ancho estimado: _____ Ancho medido: _____

Explica cómo usaste los puntos de referencia del cuerpo
para estimar.

Largo y ancho (página 2 de 2)

Tercer objeto

Nombre del objeto: _____

Largo estimado: _____   Largo medido: _____

Ancho estimado: _____   Ancho medido: _____

Explica cómo usaste los puntos de referencia del cuerpo
para estimar.

Cuarto objeto

Nombre del objeto: _____

Largo estimado: _____   Largo medido: _____

Ancho estimado: _____   Ancho medido: _____

Explica cómo usaste los puntos de referencia del
cuerpo para estimar.

Búsqueda métrica

Halla cosas que midan 1 metro y 1 centímetro
de largo.

1. Cosas que hallé que miden 1 metro de largo:

2. Cosas que hallé que miden 1 centímetro
   de largo:

Medir longitud y tiempo

Pulgadas y centímetros:
Comparar instrumentos

Compara una regla de pulgadas y una regla
de centímetros.

Nombra 2 cosas que sean iguales.

1.

2.

Nombra 2 cosas que sean diferentes.

1.

2.

Más comparaciones

Usa una regla de 1 metro o la "tira de 1 metro" de papel que hiciste en la escuela.

> **NOTA** Los estudiantes investigan medidas lineales y comparan la longitud de objetos.
>
> **MME** 154

1. Halla algo que sea **más alto** que tú. ¿Cuánto mide? _____

2. ¿Cuánto más alto que tú es? _____

3. Halla algo que sea **más ancho** que tus hombros. ¿Cuánto mide? _____

4. ¿Cuánto más ancho que tus hombros es? _____

5. Halla algo que sea **más corto** que tu pie. ¿Cuánto mide? _____

6. ¿Cuánto más corto que tu pie es? _____

7. Halla algo que sea **más largo** que tu lápiz. ¿Cuánto mide? _____

8. ¿Cuánto más largo que tu lápiz es? _____

Repaso continuo

9. Ahorraste 75¢. ¿Qué 3 cupones usaste?

Ⓐ

Ahorra 50¢	Ahorra 25¢	Ahorra 10¢

Ⓒ

Ahorra 35¢	Ahorra 25¢	Ahorra 15¢

Ⓑ

Ahorra 45¢	Ahorra 25¢	Ahorra 15¢

Ⓓ

Ahorra 25¢	Ahorra 25¢	Ahorra 10¢

Búsqueda métrica en el hogar

NOTA Los estudiantes miden objetos de 1 metro y 1 centímetro de largo.

MME 154

Halla cosas que midan 1 metro y 1 centímetro de largo.

1. Cosas que hallé que miden casi un metro de largo:

2. Cosas que hallé que miden casi un centímetro de largo:

Medir longitud y tiempo

Medir en pulgadas y centímetros

Mide cada objeto. Anota las medidas.

1. Tu lápiz mide _____ pulgadas de largo.

Tu lápiz mide _____ centímetros de largo.

Encierra en un círculo la unidad que te dé el número más grande.

      pulgadas   centímetros

2. Tu libro mide _____ pulgadas de largo.

Tu libro mide _____ centímetros de largo.

Encierra en un círculo la unidad que te dé el número más grande.

      pulgadas   centímetros

3. Tus tijeras miden _____ pulgadas de largo.

Tus tijeras miden _____ centímetros de largo.

Encierra en un círculo la unidad que te dé el número más grande.

      pulgadas   centímetros

4. ¿Qué unidad siempre te da el número más grande?

      pulgadas   centímetros

5. ¿Por qué crees que esto sucede?

_____

_____

_____

Una silla para el bebé osito

NOTA Los estudiantes piensan en los tamaños relativos de las sillas que les pertenecen a los tres osos.

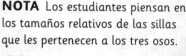 **154**

La silla del bebé osito se rompió. Sus papás decidieron construirle una nueva.

La altura del asiento de su silla vieja era de 26 centímetros.

La altura del asiento de su silla nueva debe ser de 29 centímetros.

1. ¿Cuánto más debe medir la altura del asiento de su silla nueva?

   _____ centímetros.

2. Si el respaldo de su silla nueva mide lo mismo que la altura del asiento, ¿cuál será la altura de su silla nueva? _____

3. Si la silla de la mamá osa tiene una altura de dos veces la silla nueva del bebé osito, ¿cuál será su altura? _____

4. Si la silla del papá oso tiene una altura de dos veces la silla de la mamá osa, ¿cuál será su altura? _____

Repaso continuo

5. ¿Qué distancia hay entre 45 y 100?

   (A) 35   (B) 45   (C) 55   (D) 65

¿De quién es este pie?

> **NOTA** Los estudiantes comparan y describen las medidas numéricamente y hallan la más corta y la más larga.

1. Lee las siguientes pistas.

   - El pie de Pepe es 2 centímetros más corto que el pie de Amy.

   - El pie de Rick es del mismo largo que el pie de Amy.

   - El pie de TJ es 1 centímetro más largo que el pie de Pepe.

   - El pie de Rosario es más largo que el pie de Amy, pero es más corto que el pie de Ben.

   - ¡El pie de Max es el más pequeño de todos!

2. Ahora escribe el nombre de la persona al lado de la medida que muestra el largo de su pie.

   17 centímetros _____

   18 centímetros _____

   19 centímetros _____

   20 centímetros _____

   20 centímetros _____

   21 centímetros _____

   22 centímetros _____

Repaso continuo

3. ¿Qué hora es 3 horas después de las 9:00 A.M.?

   (A) 1:30 P.M.   (C) 11:00 A.M.

   (B) 12:00 P.M.   (D) 10:30 A.M.

Medir longitud y tiempo   Tarea

Horas para actividades por la mañana y por la tarde

> **NOTA** Los estudiantes escriben las horas de sucesos de un día cualquiera antes y después de clase. Los estudiantes usarán esta información en nuestra próxima clase de matemáticas.
>
> MME 142

Para cada actividad, escribe la hora a la que empieza y termina.

Antes de clase

1. Levantarse: Hora: _____

2. Prepararse para la escuela: Empieza: _____   Termina: _____
(incluido lavarse los dientes, vestirse y desayunar)

3. Ir a la escuela: Empieza: _____   Termina: _____

Después de clase

4. Regresar a casa: Empieza: _____   Termina: _____

5. Cenar: Empieza: _____   Termina: _____

Escribe alguna otra actividad que hiciste.

6. Actividad: _____ Empieza: _____   Termina: _____

7. Actividad: _____ Empieza: _____   Termina: _____

Patrones numéricos

Completa la tabla de 100.
Busca patrones.

NOTA Los estudiantes usan lo que saben sobre las secuencias y patrones de conteo para llenar los números que faltan en una tabla de 100.

 24

Tabla de 100

	2	3	4		6	7	8	9	
11		13	14		16	17	18		20
21	22		24		26	27		29	30
31	32	33			36		38	39	40
						47	48	49	50
51	52	53	54						
61	62	63		65			68	69	70
71	72		74	75		77		79	80
81		83	84	85		87	88		90
	92	93	94	95		97	98	99	

A.M. y P.M.

Para cada hora, escribe lo que sueles hacer.

NOTA Los estudiantes trabajan con los dos ciclos de 12 horas del día de 24 horas.

MME **142**

7:00 A.M. _____

5:00 A.M. _____

12:00 P.M. (mediodía) _____

7:00 P.M. _____

5:00 P.M. _____

12:00 A.M. (medianoche) _____

1. ¿Cuántas horas hay entre las 12:00 A.M. (medianoche) y las 12:00 P.M. (mediodía)? Muestra cómo lo averiguaste.

2. Anota la hora que muestra el primer reloj. Haz que el segundo reloj muestre la misma hora P.M. y anótala.

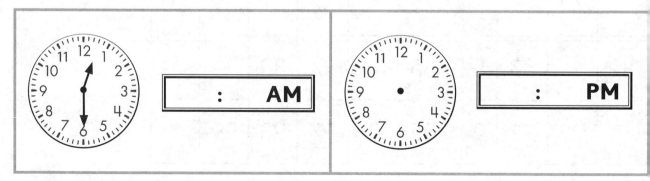

Fred y Winnipeg: Capítulo 1

Winnipeg y Fred son 2 gatos que viven juntos en la ciudad.

Un día a las **9:00** de la mañana, Winnipeg miró por la ventana y vio una bandada de gorriones. "Yum", dijo Winnipeg. "Me gustaría un gorrión para el desayuno". Fred abrió un ojo. "Tengo mucho sueño", dijo Fred. "OK", dijo Winnipeg. Siguieron durmiendo por **1 hora.**

A las **10:00 A.M.,** Winnipeg miró por la ventana y vio una paloma. "Yum", dijo Winnipeg. "Me gustaría una paloma para el desayuno". Fred volvió a abrir un ojo. "Necesito una siestecita", dijo Fred. "Está bien", dijo Winnipeg. Y siguieron durmiendo por **2 horas más.**

Cuando se levantaron, Winnipeg miró por la ventana y vio un ratón. "Yum", dijo Winnipeg. "¡No espero más! ¡Quiero almorzar!" "Está bien", dijo Fred. Y fueron a cazar ratones hasta la **1:00 P.M.**

Después se acostaron al sol y siguieron durmiendo por **1 hora.** Luego fueron a casa.

Fred y Winnipeg: Línea cronológica del capítulo 1

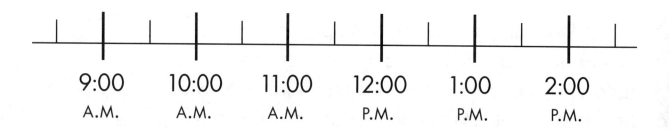

9:00	10:00	11:00	12:00	1:00	2:00
A.M.	A.M.	A.M.	P.M.	P.M.	P.M.

Fred y Winnipeg: Capítulo 2

Al otro día, Winnipeg y Fred se levantaron a las **8:00 A.M.** Fred quería seguir durmiendo, pero Winnipeg dijo, "¡Oh no! Hoy vamos a desayunar enseguida. ¡Tengo ganas de comer un gorrión!"

Fueron a cazar comida durante **2 horas.** Luego regresaron y durmieron la siesta durante **una hora y media.**

A las **11:30 A.M.,** Winnipeg se levantó. Winnipeg dijo, "Es hora de almorzar". Fred dijo, "Conozco un buen lugar para almorzar. Hay una señora que siempre me da comida para gatos si rozo sus piernas y ronroneo". Entonces empezaron a caminar. Pero Fred se perdió. Tardaron **media hora** en llegar a la casa de la señora.

La señora les dio a los dos gatos comida y leche. Se quedaron en su casa **2 horas.**

A las **2:00 P.M.** empezaron a caminar a casa. Winnipeg dijo, "Conozco un atajo". Pero se perdieron otra vez. Tardaron **2 horas** en llegar a casa.

Cuando llegaron a casa, Fred dijo, "Necesito una larga siesta después de tanta caminata". Entonces se acostaron juntos en una caja y se durmieron **2 horas.** A las **6:00 P.M.,** se levantaron. Winnipeg dijo, "¡Qué bueno, es hora de cenar!"

Fred y Winnipeg: Lista de sucesos del capítulo 2

Usa la siguiente lista de sucesos y horas para que te ayude a pensar en el día de Fred y Winnipeg.

Llena las horas que faltan en los espacios en blanco.

a. 8:00 A.M.   Fred y Winnipeg se levantaron.

b. 8:00 A.M. – _____   Fueron a cazar durante **2 horas.**

c. _____ – 11:30 A.M.   Durmieron la siesta **una hora y media.**

d. 11:30 A.M. – _____   Caminaron y se perdieron durante **media hora.**

e. _____ – 2:00 P.M.   Estuvieron en la casa de la señora **2 horas.**

f. 2:00 P.M. – _____   Caminaron a casa y se perdieron durante **2 horas.**

g. _____ – 6:00 P.M.   Durmieron la siesta **2 horas.**

Fred y Winnipeg: Línea cronológica del capítulo 2

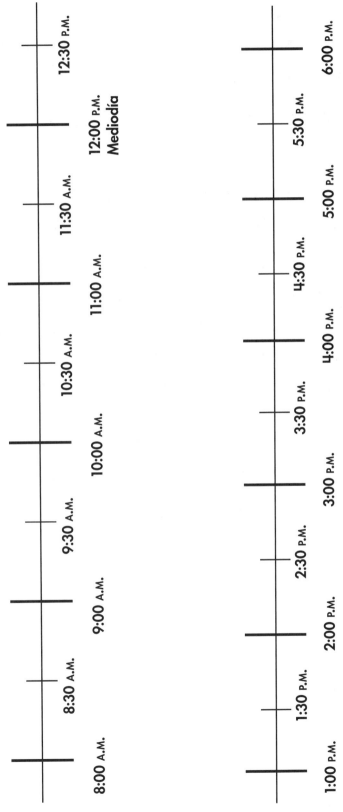

Fred y Winnipeg: Capítulo 3

A Fred y a Winnipeg les gusta salir juntos de noche a cazar ratones. Una noche, salieron **a las 10:00 P.M.** Cazaron **durante una hora y media.**

No agarraron ningún ratón, entonces regresaron a casa. Jugaron a las cartas **durante 1 hora.**

A las **12:30 A.M.,** Fred dijo, "Estoy cansado". Los dos durmieron la siesta **durante media hora.**

Cuando se despertaron, Winnipeg dijo, "Mi amiga Cordelia va a dar una fiesta esta noche. ¡Vayamos!" Caminaron **durante media hora** para llegar a la casa de Cordelia. Llegaron a la fiesta a la **1:30 A.M.** Era una linda fiesta, con mucha crema y nébeda. Los gatos bailaron con la música de la banda de rock Puros Gatos. Fred y Winnipeg se quedaron **2 horas y media.** Luego regresaron a casa y se durmieron.

Fred y Winnipeg: Lista de sucesos del capítulo 3

Usa la siguiente lista de sucesos y horas para que te ayude a pensar en el día de Fred y Winnipeg.

Llena las horas que faltan en los espacios en blanco.

a. 10:00 P.M.   Fred y Winnipeg salieron.

b. 10:00 P.M. – _____   Fueron a cazar durante **una hora y media.**

c. _____ – 12:30 A.M.   Jugaron a las cartas durante **1 hora.**

d. 12:30 A.M.   Fred dijo, "Estoy cansado."

e. 12:30 A.M. – _____   Durmieron la siesta **media hora.**

f. _____ – 1:30 A.M.   Caminaron a la casa de Cordelia durante **media hora.**

g. 1:30 A.M. – _____   Estuvieron en la fiesta **dos horas y media.**

h. 4:00 A.M.   Regresaron a casa.

Fred y Winnipeg: Línea cronológica del capítulo 3

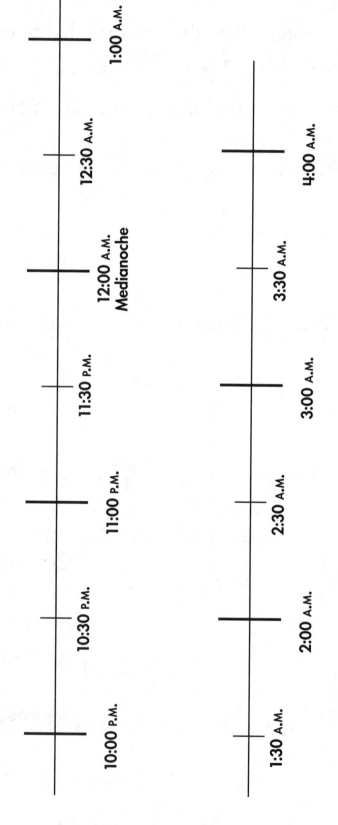

1:00 A.M.

12:30 A.M.

12:00 A.M.
Medianoche

11:30 P.M.

11:00 P.M.

10:30 P.M.

10:00 P.M.

4:00 A.M.

3:30 A.M.

3:00 A.M.

2:30 A.M.

2:00 A.M.

1:30 A.M.

¿Qué pasa hoy?

NOTA Los estudiantes crean una línea cronológica y muestran en ella la duración de actividades.

MME **143, 144, 145**

Crea una línea cronológica. Usa **todas** las actividades necesarias. Elige **dos** de las actividades especiales. Muestra cuánto dura cada actividad especial.

Actividades necesarias

Levantarse a las 7:00 A.M.

Desayuno a las 8:00 A.M.

Almuerzo a las 12:00 P.M.

Cena a las 6:00 P.M.

Acostarse a las 9:00 P.M.

Actividades especiales

Natación a las 9:00 A.M. por 2 horas

Biblioteca a las 10:00 A.M. por 1 hora

Cine a la 1:00 P.M. por 2 horas

Parque a las 3:00 P.M. por 1 hora

Béisbol a las 5:00 P.M. por 1 hora

| 7:00 A.M. | 8:00 A.M. | 9:00 A.M. | 10:00 A.M. | 11:00 A.M. | 12:00 MEDIODÍA | 1:00 P.M. | 2:00 P.M. | 3:00 P.M. | 4:00 P.M. | 5:00 P.M. | 6:00 P.M. | 7:00 P.M. | 8:00 P.M. | 9:00 P.M. |

Fred y Winnipeg: Problemas de líneas cronológicas (página 1 de 2)

Mira la línea cronológica.

¿Cuánto duró cada actividad?

Actividad	Empieza	Termina	¿Cuánto duró?
Desayunar	10:00	11:00	1 hora
Cazar ratones			
Bañarse			
Dormir la siesta			
Visitar a Lili			
Segunda siesta			
Cenar			
Tercera siesta			
Maullar a la luna			
Dormir			

Fred y Winnipeg: Problemas de líneas cronológicas (página 2 de 2)

1. Después del desayuno, Fred dijo, "¿Cuánto tiempo falta para la cena?"

   ¿Cuánto tuvo que esperar Fred para la cena? _____

   ¿Cómo lo averiguaste? _____

   _____

   _____

2. Cuando se levantaron, Winnipeg dijo, "Me pregunto cuándo llegará Lili". ¿Cuánto tiempo tuvo que esperar Winnipeg

   a Lili? _____

   ¿Cómo lo averiguaste? _____

   _____

   _____

3. ¿Cuánto tiempo durmieron Fred y Winnipeg? Incluye todas las horas en que estuvieron despiertos o durmiendo

   la siesta. _____

   ¿Cómo lo averiguaste? _____

   _____

   _____

¿Cuánto tiempo dura?

Encierra en un círculo la actividad que dure menos tiempo.

NOTA Los estudiantes comparan la duración de dos actividades y determinan qué actividad dura menos o más tiempo.

MME 145

1.

Lavarse los dientes   Desayunar

2.

Dormir por la noche   Vestirse

Encierra en un círculo la actividad que dure más tiempo.

3.

Tomarse un helado   Jugar un partido de béisbol

4.

Mirar una película   Inflar un globo

Actividades de un día especial

Piensa en actividades que te gustaría hacer en distintos momentos del día.

Mañana elegirás algunas actividades para hacer una línea cronológica de un día especial, por lo que es importante que completes esta tarea y la devuelvas a la escuela.

NOTA Los estudiantes escriben sucesos que podrían pasar en un día especial. Usarán estos sucesos para hacer una línea cronológica de un día especial en nuestra próxima clase de matemáticas.

 143

Actividades por la mañana:

_____   _____

_____   _____

Actividades por la tarde:

_____   _____

_____   _____

Actividades después de cenar:

_____   _____

_____   _____

Actividades por la noche:

_____   _____

_____   _____

Banderas de fracciones

Escribe qué fracción de la bandera está sombreada de cada color.

> **NOTA** Los estudiantes usan lo que saben sobre fracciones para determinar la parte de una bandera que está sombreada de un determinado color.
>
> MME **84, 85, 86, 87**

1. Negra: _____

    Blanca: _____

2. Gris: _____

    Blanca: _____

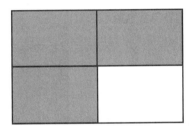

3. Gris: _____

    Blanca: _____

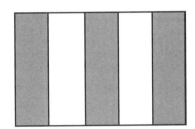

4. Negra: _____

    Blanca: _____

5. Negra: _____

    Blanca: _____

    Gris: _____

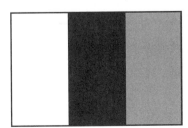

Comparar líneas cronológicas de días especiales

Usa las líneas cronológicas de días especiales
de tu clase para responder a estas preguntas.

1. ¿Quién se levantó más temprano?   _____

   ¿A qué hora?   _____

2. ¿Quién se levantó más tarde? _____

   ¿A qué hora?   _____

3. ¿Quién hizo una actividad
   durante mucho tiempo?   _____

   ¿Cuál fue la actividad?   _____

   ¿Cuánto duró?   _____

4. ¿Quién hizo algo durante exactamente
   1 hora y media?

   ¿Quién la hizo?   _____

   ¿Cuál fue la actividad?   _____

   ¿A qué hora empezó?   _____

   ¿A qué hora terminó?   _____

¿Cuántos más?

Kira tiene 57 pegatinas
de perros.

Jake tiene 70 pegatinas
de perros.

> **NOTA** Los estudiantes
> usan la suma o la resta
> para hallar la diferencia
> entre dos cantidades.
>
> **MME** **73–75**

¿Cuántas pegatinas de perros más tiene
Jake que Kira?

Resuelve el problema. Muestra tu trabajo.
Escribe una ecuación.

¿A qué hora?

NOTA Los estudiantes crean una línea cronológica a partir de una serie de pistas.

 142, 143, 144

1. Michelle almuerza a las 11:00 A.M. El almuerzo dura 1 hora. Después es la hora de matemáticas. ¿A qué hora empieza la clase de matemáticas? _____

2. Las clases empiezan 3 horas antes del almuerzo de Michelle. ¿A qué hora empiezan las clases? _____

3. Después de almorzar, Michelle tiene ciencias durante media hora, entonces educación física durante 1 hora y luego otra media hora de ciencias. ¿Qué hora es cuando termina la clase de ciencias? _____

4. El día escolar dura 7 horas. ¿A qué hora terminan las clases? _____

5. En seguida después de la escuela, Michelle tiene práctica de fútbol durante $1\frac{1}{2}$ horas. Luego hace su tarea. ¿A qué hora empieza Michelle su tarea? _____

Ahora, en otra hoja, haz una línea cronológica que muestre el día de Michelle. Empieza la línea cronológica a las 7:00 A.M. No te olvides de incluir la información de cada pista.